LECKERES BRANDENBURG

Restaurant »Alter Hafen« im Ziegeleipark Mildenberg

Gerhard Drexel

Leckeres BRANDENBURG

Der kulinarische
Ausflugsführer

BeBra Verlag

Stand der Informationen: Januar 2023

Bibliografische Information der Deutschen Nationalbibliothek
Die Deutsche Nationalbibliothek verzeichnet diese Publikation
in der Deutschen Nationalbibliografie; detaillierte bibliografische
Daten sind im Internet über http://dnb.d-nb.de abrufbar.

Alle Rechte vorbehalten.
Dieses Werk, einschließlich aller seiner Teile, ist urheberrechtlich geschützt.
Jede Verwertung außerhalb der engen Grenzen des Urheberrechtsgesetzes ist
ohne Zustimmung des Verlages unzulässig und strafbar. Das gilt insbesondere
für Vervielfältigungen, Übersetzungen, Mikroverfilmungen, Verfilmungen und
die Einspeicherung und Verarbeitung auf DVDs, CD-ROMs, CDs, Videos, in
weiteren elektronischen Systemen sowie für Internet-Plattformen.

© be.bra verlag, Medien und Verwaltungs GmbH, Berlin 2023
Asternplatz 3, 12203 Berlin
post@bebraverlag.de
Lektorat: Marijke Leege-Topp, Berlin
Satz: typegerecht berlin
Umschlag: Fernkopie, Berlin (Titelfoto: Alte Überfahrt / Florian Klettwitz)
Schriften: Tasse, Proforma
Druck und Bindung: DZS Grafik, Ljubljana
ISBN 978-3-89809-219-7

www.bebraverlag.de

INHALT

9   Vorwort

IM NORDWESTEN

15   **Wo früher Orangenbäume blühten**
        Die Orangerie

19   **Feinkost im Scheunenviertel**
        Coldehörn

23   **Wo die Birnen wachsen**
        Schloss Ribbeck

27   **Fine Dining im GolfResort**
        Hasenpfeffer

31   **Im Schatten der Mächtigen**
        Schlosswirt Meseberg

35   **Im Ziegeleipark Mildenberg**
        Alter Hafen

39   **Wo das Korn gemahlen wurde**
        Mühle Tornow

43   **Im Hof des Ackerbürgers**
        Der Seehof

47   **Regionales im Vierseithof**
        Clavis

51   **Bei den Raubrittern**
        Schloss Grube

55   **Vegane Genüsse auf Burg Lenzen**
        place to V

59   **Hinter dem Deich**
        Alter Hof am Elbdeich

IM NORDOSTEN

65 **Eine Oase der Ruhe**
Gut Sarnow

69 **Auferstanden aus Ruinen**
Café Wildau

73 **Fachwerk im Oderbruch**
Dammmeisterei Zollbrücke

77 **Ein Schloss im Tudorstil**
kleinod

81 **Am Schloss des Fürsten**
Brennerei

85 **Sommerterrasse mit Talblick**
Bergschlösschen

IM SÜDOSTEN

91 **Hoch über dem Motzener See**
Seeblick

95 **Aus dem klaren See und direkt vom Land**
Köllnitzer Fischerstuben

99 **Fein Essen im traumhaften Spa-Hideaway**
Villa Contessa

103 **Schöne Weine und feine Küche**
AS am See

107 **Im romantischen Tal der Alten Schlaube**
Kaisermühle

111 **Gastfreundlicher Platz an der Oder**
Bollwerk 4 im Deutschen Haus

115 **Frischer Wind am wilden Herd**
Wilde Klosterküche

119 **Am grünen Strand der Spree**
Feine Küche

123 **Im Saal des gräflichen Schlosses**
Linari

127 **Gut essen am Spreewaldfließ**
Speisenkammer

131 **Wo schon die Kolonisten einkehrten**
Kolonieschänke

135 **Auf den Spuren des Fürsten Pückler**
Cavalierhaus

IM SÜDWESTEN

141 **Salons mit exquisitem Interieur**
Villa Kellermann

145 **Neue Preußische Küche**
kochZimmer

149 **Französisches Flair**
Juliette

153 **Regionale Küche unter dem Pagodendach**
Drachenhaus

157 **Wo einst die Havelfähren fuhren**
Alte Überfahrt

161 **Genuss mit Havelblick**
Filterhaus

165 **Alter Bauernhof im Spinnerdorf**
Philippsthal

169 **Fachwerkhof mit Laubengang**
Zur Alten Brauerei

173 **Familiäre Dorfidylle**
Landlust Körzin

177	**Weltläufiges Brandenburg**
	Am Humboldthain
181	**Gutes Essen im Wohnzimmer**
	Inspektorenhaus
185	**Das Mühlrad dreht sich Tag und Nacht**
	Springbach-Mühle
189	**In der ehemaligen Dorfschmiede**
	Landhaus Alte Schmiede
193	**Kulinarisches im ehemaligen Forsthaus**
	12 Mönche
197	**Wo die Wirtin Geschichten schreibt**
	Goldener Hahn

ANHANG

202	Übersichtskarte
204	Bildnachweis
205	Der Autor

VORWORT

Brandenburg ist eine kulinarische Reise wert! Dieses Buch möchte ermuntern, Brandenburgs große gastronomische Vielfalt zu entdecken. Ob gemütlich oder feierlich, rustikal oder elegant, antiquarisch oder modern, drinnen oder draußen, ob Schlemmer ihren wohlig satten Magen spüren oder Feinschmecker viele kleine Gerichte probieren möchten – für jeden ist etwas dabei.

Die vorgestellten Restaurants zeichnet eine besondere Kulinarik aus und um jedes rankt sich eine kleine Geschichte. Natürlich wird nicht nur das Ambiente des Restaurants geschildert, es werden auch Einblicke in die Speisekarte gewährt, wobei sich von selbst versteht, dass die Karte bei einer saisonalen und regionalen Küche wechselt. Die Restaurants setzen auf regionale Produkte aus Brandenburg, wo immer mehr landwirtschaftliche Betriebe und Gärtnereien nachhaltig anbauen und ernten. Jedes Restaurant hat sich in der näheren Umgebung ein Produzenten-Netzwerk für Obst, Gemüse, Käse, Fleisch oder Fisch geschaffen. Viele Köche kaufen für ihre Frischeküche selbst beim Erzeuger ein. Sie tauschen sich aus, freuen sich an außergewöhnlichen Gemüsesorten, schlagen auch mal deren Anbau vor, entdecken Bäume mit selten gewordenen Apfel- oder Birnensorten und stiefeln über grüne Weiden. Oft gärtnern die Köche selbst und ernten Gemüse aus dem eigenen Beet. Bei vielen Restaurants bildet der Kräutergarten hinterm Haus eine Erweiterung der Kücheneinrichtung. Zur Begleitung der Speisen werden überall die passenden Getränke angeboten. Die Weinkeller sind gut ge-

Im »Inspektorenhaus« in Brandenburg an der Havel

füllt, auch mit Weinen aus brandenburgischen Anbaugebieten. Spirituosen kommen von einheimischen Brennereien und in den umliegenden Landbrauereien gärt leckeres Bier.

In Brandenburg hat sich eine gehobene gutbürgerliche Landhausküche mit Einflüssen aus anderen Ländern etabliert. Feine Küche ist in den großen wie in den kleineren Städten zu finden – oder irgendwo auf dem Land, sei es in einer ehemaligen Mühle, einem Herrenhaus, einem Schloss oder einem Gehöft an der Dorfstraße. Immer mehr brandenburgische Restaurants dürfen sich mit internationalen Empfehlungen schmücken. Traditionelle Gaststätten bereichern die gastronomische Landschaft. Einige Köchinnen und Köche sind nach ihrer Weiterbildung in Restaurants in Deutschland oder im Ausland mit neuen Impulsideen in die Familienbetriebe nach Brandenburg zurückgekehrt. Andere sahen in Brandenburg eine gute Gelegenheit, sich selbstständig zu machen und die eigenen Vorstellungen einer gesunden, nachhaltigen und modernen Küche zu verwirklichen. In ganz Brandenburg setzt eine junge Generation ihre kulinarischen Duftmarken. Experimente werden nicht gescheut, ungewöhnliche Kombinationen überraschen die Gäste. Dabei ist der Blick über den eigenen Tellerrand in die Kochtöpfe anderer Länder und Kulturkreise selbstverständlich und die Anregungen werden mit der einheimischen Küche verknüpft. Guter Geschmack kennt keine Grenzen.

Zur Vorbereitung der Entdeckertouren wurde Brandenburg in Nordwesten, Nordosten, Südosten und Südwesten aufgeteilt. Als Ausgangspunkt für die Erkundungen Brandenburgs wurde das inmitten des Bundeslandes liegende Berlin genommen. Hotelrestaurants wurden aufgenommen, wenn sie auch für Tagesgäste öffnen. Geraten wird, sich in den verschiedenen Jahreszeiten nach den aktuellen Öffnungszeiten zu erkundigen und einen Tisch zu reservieren.

Die Leserinnen und Leser sind eingeladen, den Empfehlungen nachzuspüren und eigene Highlights für einen genussvollen Ausflug zu entdecken. Vielleicht läuft Ihnen schon beim Lesen der Speisekarten das Wasser im Mund zusammen und die Lektüre weckt Ihre Lust auf einen Genießerausflug ins Feinschmeckerland Brandenburg!

IM NORDWESTEN

Die »Mühle Tornow« in Fürstenberg/Havel

WO FRÜHER ORANGENBÄUME BLÜHTEN

DIE ORANGERIE

1

Das prächtige Schloss Ziethen ist ein nobles Hotel mit einer harmonisch in die historischen Räume eingefügten Ausstattung, einem traumhaften alten Schlosspark und dem Restaurant »Die Orangerie«. Schloss Ziethen liegt an der Alten Dorfstraße von Groß-Ziethen (Kremmen), das wie das Schlossgut auf eine lange Vergangenheit zurückblickt. Im Jahr 1355 erbaute die Familie von Bredow ein zu jener Zeit beim Adel geschätztes »Festes Haus«, ein großes Gebäude mit mehreren Stockwerken und wehrhaft dicken Mauern, von dem noch das Gewölbe erhalten ist. Es wurde im Dreißigjährigen Krieg zerstört. An gleicher Stelle wurde 1718 im barocken Stil ein neuer Herrensitz errichtet, der im späten 19. Jahrhundert um die beiden Seitenflügel im neoklassizistischen Stil erweitert wurde. Nach mehreren Besitzern erwarb im 19. Jahrhundert Ottonie von Massow, geborene von Bülow, das Anwesen. Am Ende des Zweiten Weltkriegs flüchtete die Familie vor der russischen Armee. Nach seiner Plünderung wurde das Schloss als Lazarett genutzt. Zur Zeit der DDR waren dort ein Kindergarten und Kulturräume untergebracht. Als Edith Freifrau von Thüngen-Reichenbach, eine Nachfahrin der Familie von Bülow, das frühere Familienschloss 1993 zum ersten Mal besuchte, waren Schloss und Park vernachlässigt, die unterschiedlichen Nutzungen hatten ihre Spuren hinterlassen. Zusammen mit ihrem Mann, dem Architekten Herwig

Kroll, übernahm die Freifrau das baufällige Gebäude und machte sich an die aufwändige Renovierung. Seit seiner Eröffnung 1997 wird es von der Familie von Thüngen-Reichenbach als Schlosshotel mit Restaurant geführt.

In der lichtdurchfluteten ehemaligen Orangerie mit großen hohen Bogenfenstern bietet das gleichnamige Restaurant kulinarische Höhenflüge. Die Einrichtung nimmt das edle Ambiente eines herrschaftlichen Schlosses auf. Im Sommer wird das Restaurant um eine große Terrasse zum Schlosspark erweitert. Die saisonal orientierte Küche ist in der Region verwurzelt und bezieht viele Zutaten von Erzeugern aus der Umgebung. Als regionales Gericht wird Kremmener Stangenspargel mit gebutterten Biolinda-Kartoffeln, Sauce Hollandaise oder zerlassener Butter angeboten. Auf regionale Verbundenheit verweist die Schulter vom Apfelschwein aus Brandenburg mit Schwarzbiersauce, bunte Möhren und kleine Ofenkartoffeln oder der Bauch vom Havelländer Apfelschwein, das 24 Stunden Sous-vide gegart wurde, mit gegrilltem wildem Brokkoli, Whiskey-BBQ-Dip und Salat von der Grenaille-Kartoffel. Als Fischgang kommt ein Heilbuttfilet auf gedünstetem Chicorée mit Orangenbutter, grünem Spargel und Römischen Nocken in Frage. Als französisch inspiriertes Dessert ein Mille-feuille von Ingwer und Orange, dazu eine Bitterschokoladensauce.

Das stilvolle Restaurant »Die Orangerie« im Schloss Ziethen verbindet die Auffassung einer modernen Küche mit einer gehobene Regionalküche. Hier kann der Gast fein tafeln wie ein Schlossherr – oder wie eine feine Schlossdame natürlich.

DIE ORANGERIE

Schloss Ziethen, Hotel und Restaurant
Geschäftsführung: Rafael von Thüngen-Reichenbach • Küchenchef: Matthias Lingner
Alte Dorfstraße 33 • 16766 Kremmen OT Groß-Ziethen
Tel.: 033055-950 • info@schlossziethen.de • www.schlossziethen.de

FEINKOST IM SCHEUNENVIERTEL

2

COLDEHÖRN

Was ist das »Coldehörn«? Heimatmuseum, Trödelladen, Hofladen, Weinhandlung, Feinkostgeschäft, Café, Eisdiele, Erinnerungswohnzimmer oder ein Restaurant? Es ist von allem etwas, im Ganzen gesehen wirkt es wie ein Gesamtkunstwerk. In Deutschlands größtem historischem Scheunenviertel am Ortsrand von Kremmen betreibt der gelernte Koch Norbert Stolley seit 2007 in einer renovierten Scheune das »Coldehörn« sowie einen Hofladen. Das eigenwillige Arrangement aus Antiquitäten, alten Möbeln, Andenken, Postern, Bildern, Malerei, Porzellan und Nippes machen den Besucher beim Eintreten sprachlos. In dieser einmaligen Kulisse sitzen die Gäste an hübsch gedeckten Tischen auf alten Stühlen und genießen das täglich wechselnde Angebot der Küche. Das Scheunenviertel von Kremmen ist eine Besonderheit. Wegen teils verheerender Brände in der Ackerbürgerstadt wurden Scheunen für Saatgut, Futter, Heu und Stroh ab der zweiten Hälfte des 17. Jahrhunderts außerhalb der Stadtmauern errichtet. So entstand das Scheunenviertel mit seinen Scheunenreihen. Engagierte Bürger retteten die Scheunen aus der Barockzeit. Nach Renovierungen zogen ein Museum, Gastronomie, Kunst, Theater, Konzerträume und Handwerk ein.

In der Mitte einer dieser Reihen öffnet das »Coldehörn« ein großes Holztor für seine Gäste. Alle Speisen werden frisch zubereitet und die Karte orientiert sich an dem, was frisch eingetroffen ist, wie z. B. Fleisch vom Ruppiner Weidelamm, Havelländer Apfelschwein oder Linumer Wiesenkalb, Kaninchen aus Beelitz,

Wild kommt direkt vom Jäger, Geflügel von brandenburgischen Höfen oder Ziegenkäse vom Capriolenhof. Je nach Jahreszeit werden Obst, Gemüse, Spargel, Früchte oder Kürbisse aus dem Umland angeliefert. Fisch kommt aus heimischen Gewässern oder aus der Müritz. Kräuter und kleine Mengen Gemüse wachsen im eigenen Garten hinter der Scheune. Der Hofladen bietet Weine und unter anderem Feinkost aus Italien und Südtirol an.

Neben der brandenburgischen Regionalküche serviert der weitgereiste Welt-Neugierige Norbert Stolley Reminiszenzen aus Friesland, wo seine familiären Wurzeln liegen. Auf einer der variantenreichen Speisekarten könnte ein gebuttertes Holsteiner Vollkornbrot mit Büsumer Krabben und Spiegelei zu finden sein oder ein Coldehörn Wattwurm, genauer gesagt, Aal frisch und warm aus dem Räucherofen, mit Holsteiner Vollkornbrot, Sauerrahmbutter, geriebenem Meerrettich und Zwiebeln oder ein Garnelentopf mit gebratenen Großgarnelen ohne Schale, Zucchini, Tomate, Zwiebeln, Champignons, Chili, Knoblauch, Olivenöl und dazu Ciabatta. Fleischliebhaber finden ein Rückensteak vom Duroc-Schwein mit Tomate und Blattspinat. Oder ein Gericht, das eher selten auf Speisekarten zu finden ist, wie gebratene Milchkalbsleber, frische Pfifferlinge, Nusschampignons, Rosmarinkartoffeln und Olivenöl. Als Nachtisch könnte ein Schokoladenmousse mit marinierten Heidelbeeren, Salty-Karamelle-Eiscreme, Sahne und Gebäck passen.

Was bedeutet eigentlich Coldehörn? Norbert Stolley wuchs in Köln auf, wo er Koch lernte. Nach zehn Jahren Seefahrt machte er sich Ende der 1970er Jahre mit der »Kalten Ecke« in der Nähe von Wilhelmshaven selbstständig, die im lokalen Platt »Coldehörn« genannt wird. Nach weiteren Stationen als Koch und Geschäftsführer einer eigenen Lebensmittelfirma landete er mit seiner Frau in Eichstädt/Oberkrämer, wo sie das zweite »Coldehörn« eröffneten. In Kremmen ist es nun das dritte »Coldehörn«. Im Scheunenviertel zählte Norbert Stolley zu den ersten Neuen und wurde zur Institution.

COLDEHÖRN

Restaurant, Feinkost- und Probierscheune
Inhaber und Küchenchef: Norbert Stolley
Scheunenweg 30 • 16766 Kremmen
Tel.: 033055-200 04 • coldehoern@t-online.de • www.coldehoern.de

WO DIE BIRNEN WACHSEN
SCHLOSS RIBBECK

3

Mitten in Ribbeck liegt das ehemalige Herrenhaus des Herrn von Ribbeck auf Ribbeck im Havelland, in dessen Garten ein Birnbaum stand – so überliefert es ein Gedicht von Theodor Fontane (1819–1898). Demzufolge schenkte der Herr von Ribbeck gerne Kindern von den köstlichen Birnen seines Baumes. Damit es nach seinem Tod nicht an Birnen mangelte, ließ er eine der Birnen mit in sein Grab legen. Nach einiger Zeit wuchs auf seinem Grab ein Birnbaum, der nach wenigen Jahren Früchte trug. Als das Gedicht entstand, war nicht vorstellbar, dass durch diese schöne Geschichte die Birne einmal das Aushängeschild für das Schloss Ribbeck werden würde. Im Schlosspark wachsen seit 2009 die Birnbäume des »Deutschen Birnengartens«. Jedes der 16 Bundesländer spendete für die kleine Birnenplantage einen Birnbaum mit einer landestypischen Birnensorte.

1943 wurde die Familie von Ribbeck aus ihrem Schloss zwangsausquartiert. Kurz nach Ende des Zweiten Weltkriegs wurde sie enteignet und musste ihr Rittergut verlassen. Mehrfache Besitzerwechsel, bauliche Überformungen sowie die jahrzehntelange Nutzung als Altenheim ohne jegliche bauliche Fürsorge hatten dafür gesorgt, dass dem Landkreis Havelland 2004 ein verwahrlostes Gebäude überlassen wurde. Nach einer umfassenden Sanierung zeigt sich seit 2008 das Schloss Ribbeck in voller Pracht und wird seither mit seinen Ausstellungsräumen, herrschaftlichen Sälen und Salons als Museum, Standesamt, für Tagungen und kulturelle Veranstaltungen genutzt. Besonders

beliebt sind die im Sommer stattfindenden »Schlossfestspiele Ribbeck« im Schlosspark. Zum Glück dachten die neuen Herrschaften auch an das leibliche Wohl und richteten ein Schlossrestaurant ein, das schnell überregionale Bekanntheit erreichte. Das Restaurant »Schloss Ribbeck« bietet eine feine, regionale Küche. In den Sommermonaten kann der Birnenkuchen im Cafégarten genossen werden.

 Naturgemäß ist die Birne aus der Speisekarte nicht wegzudenken. Passend zum Hauptthema Birne wird als Aperitif ein Prosecco mit Birne oder ein Havelwasser angeboten, eine neue Kreation aus Weißwein mit Birnensaft. Bei den Hauptspeisen könnte es ein Havel-Zanderfilet auf Pfifferlingsrisotto und marinierten Kirschtomaten sein oder eine Rinderroulade mit Birnen-Rotkohl und Salzkartoffeln. Als hauseigene Entwicklung wird Currywurst mit hausgemachter Birnen-Currysauce, dazu Pommes und Krautsalat serviert. Zum Dessert ein Birnenbauernkuchen mit Vanilleeis und Sahne oder frisches Birnenkompott mit drei Kugeln Eis und Sahne.

Zur großen Bekanntheit von Schloss Ribbeck trägt neben dem Gedicht von Theodor Fontane in kulinarischer Hinsicht das Restaurant »Schloss Ribbeck« mit seiner ausgewählten Küche bei. Doch Mythos hin, historische Fragwürdigkeit her, an der Erfolgsgeschichte muss der alte Herr von Ribbeck auf Ribbeck im Havelland seine Finger im Spiel haben. Die letzten Zeilen lauten: »So spendet Segen noch immer die Hand / Des von Ribbeck auf Ribbeck im Havelland«.

SCHLOSS RIBBECK

Schloss Ribbeck, Museum und Restaurant
Geschäftsführung: Frank Wasser
Theodor-Fontane-Straße 10 • 14641 Nauen OT Ribbeck
Restaurant Tel.: 033237-859 015 • info@schlossribbeck.de • www.schlossribbeck.de

FINE DINING IM GOLFRESORT

HASENPFEFFER

4

Das Golfresort in Semlin bei Rathenow ist eine große Anlage mit Hotel und Restaurants. Ein bekannter Golfarchitekt hat den 1993 eröffneten Golfplatz im »GolfResort Semlin am See« im Westhavelland entworfen. Seit 2021 lädt dort das Restaurant »Hasenpfeffer« zum Fine Dining. An holzvertäfelten Wänden hängen historische Stiche mit Hasendarstellungen, ein offener Kamin und Polstersessel verbreiten wohlige Gemütlichkeit und ein Teppich dämpft die Schritte. Als Chefkoch konnte Christopher Franz gewonnen werden, einer der besten Köche nicht nur in Sachsen-Anhalt; im Oktober 2022 wurde er in die »Confrérie de la Chaîne des Rôtisseurs« aufgenommen, eine erlesene Gesellschaft von Spitzenköchen aus aller Welt. Schon nach wenigen Monaten erreichten Franz und sein Küchenteam mit dem Restaurant »Hasenpfeffer« internationale Anerkennung. Seine Erfahrungen, die er als Koch in verschiedenen Ländern gesammelt hat, fließen in eine von ihm geprägte Aromenküche ein. Mit großer Kochkunst kombiniert er regionale und überregionale Zutaten. Unter den Gängen finden sich Gerichte aus der Farm-to-Table-Idee, bei denen Christopher Franz abends jene Zutaten auf den Tisch bringt, die er tagsüber beim Gang durch eine nahe gelegene Gärtnerei eingesammelt hat. Sein Leitsatz lautet: »Regional inspirierte Küche mit internationalen Akzenten!«

Als Menü Saveurs bietet Christopher Franz feine »Aromenküche, gradlinig und puristisch« an. Unter seinen Gängen finden sich z. B. als Amuse-Bouche eine Gillardeau-Auster mit

Schalotten-Ponzu-Vinaigrette und Kaluga Kaviar. Folgen könnte ein Gartenspaziergang mit gefülltem Kopfsalat mit Topinambur, Grüner Salatsauce, Bärlauch und Dillcreme oder im Herbst ein Waldspaziergang mit Schaumsüppchen von Waldpilzen mit glasierten Maroni, Kirschwasser und hausgemachtem Rehschinken. Danach ein Räucheraal, Imperial Gold Kaviar mit einer in Salatsauce eingelegten Gurke, Limetten-Crème-Fraîche und Topinamburchips oder Skandinavische Jakobsmuschel, Kürbis, Perigord-Trüffel, Kürbispüree mit Zitrusaromen und Butter Emulsion. Als Dessert in der Kupferpfanne serviert ein Moosbeerschmarrn aus Waldblaubeeren, Topfencreme und Vanilleeis. Das andere Menü Légére hat eine »bodenständige, frische und moderne« Ausrichtung wie Zarenlachs aus mariniertem Färöer Lachs, Limonengelee, Mousse von Sprotten und Wasabi-Radieschen. Als Fisch ein Loup de mer, in Pommery-Champagner gepickelte Gurke, Granny-Smith-Apfel, Kartoffel-Nussbutter-Püree, Beurre Blanc und Dill. Und aus dem eigenen Jagdrevier vom Semliner Rehbock ein rosa Rücken, Artischocke, Pfifferlinge, Dauphine-Kartoffeln, Barolo-Essig-Jus und Steinpilzluft. Als Dessert könnte es eine Variation von Amalfizitrone mit Zitronen-Cremeux, Gelee, Zitronentarte und Baiser sein.

Christopher Franz und sein Team arrangieren Aromen der Welt mit dem Geschmack havelländischer Erzeugnisse zu einem reizvollen Bouquet. Mit der Etablierung des Fine Dining Restaurants »Hasenpfeffer« und der Leitung des Spitzenkochs Christopher Franz ist dem GolfResort Semlin eine klares Hole-in-one gelungen.

HASENPFEFFER

GolfResort Semlin am See und Restaurant
Küchenchef: Christopher Franz
Ferchesarer Straße 8b • 14712 Rathenow OT Semlin
Tel.: 03385-55 40 • hasenpfeffer@golfresort-semlin.de
www.golfresort-semlin.de

IM SCHATTEN DER MÄCHTIGEN

SCHLOSSWIRT MESEBERG

Das nur einige Häuser große Straßendorf Meseberg liegt wenige Kilometer von dem Handwerker- und Ackerbürgerstädtchen Gransee entfernt. Bekannt wurde Gransee durch ein Denkmal auf dem Schinkelplatz nach Entwürfen des Baumeisters Karl Friedrich Schinkel (1781–1841). Die Bürger errichteten es in Erinnerung an die beliebte 1810 auf Schloss Hohenzieritz in Mecklenburg verstorbene preußische Königin Luise. Bei der Überführung des Sarges nach Berlin verweilte der Leichnam der 34-jährigen Königin eine Nacht in Gransee.

Das Dörfchen Meseberg am Huwenowsee erlangte Bekanntheit durch das Schloss Meseberg. Mit seiner Architektur, Innenausstattung und erhöhten Lage an einem See gilt es als eines der schönsten in der Gegend. Nach einer umfassenden Renovierung von Schloss und Park wird es seit 2006 als Gästehaus für Staatsgäste der Bundesregierung und für Klausurtagungen der Regierung genutzt. Seitlich des abgesperrten Schlossbezirks ist das langgestreckte Ziegelgebäude mit Feldsteinfundament der Brennerei und Stellmacherei des Schlosses erhalten. Nach Renovierung empfängt hier das Restaurant »Schlosswirt Meseberg« seine Gäste. Das Kaminrestaurant und die Schankstube des Restaurants sind in einem modernen Landhausstil eingerichtet. Im Sommer lädt eine Terrasse mit Blick über den Park bis zum Huwenowsee ein, das Schloss Meseberg immer im Sichtfeld.

Das Küchenteam kreiert täglich saisonale Arrangements und kombiniert ungewöhnliche Geschmacksnuancen. Mit frischen

Produkten aus der Umgebung bringt es Speisen mit internationalem Flair auf den Tisch. Den Fisch liefern Müritzfischer oder die Fischerei Böttger vom Stechlinsee, das Wild kommt aus den umliegenden Wäldern. Gäste können an einer geführten Jagd in dem 800 Hektar großen Jagdgebiet teilnehmen und die Natur der märkischen Landschaft hautnah erleben. Die Sommerkarte bietet z. B. als Vorspeise karamellisierten Ziegenkäse, zweierlei Chutney, marinierte Salatspitzen, dazu krosses Früchtebrot oder Meseberger Wildpfeffersuppe mit Preiselbeer-Rahm. Als Hauptgang Tafelspitz vom Kalb auf Bouillonkartoffeln mit frisch geriebenem Meerrettich oder Sauerbraten vom heimischen Wild mit jungen Karotten und hausgemachten Semmelknödeln. Geflügelliebhaber können eine sanft gegarte Keule vom Brandenburger Landhähnchen wählen mit Meseberger Traubensauce, gebratenen Pilzen und Kartoffelstampf. Als Fischgericht werden gebratene Stechlinseemaränen mit grünem Salat und Zitronen-Rosmarinkartoffeln angeboten. Zum Dessert gibt es frische Joghurt-Panna-cotta mit Melonen-Minz-Salat.

Das Schloss Meseberg ist nur einmal im Jahr beim Tag der offenen Tür zu besichtigen. Ansonsten dämmert es im Dornröschenschlaf, bis ein Staatsbesuch oder eine Regierungsbesprechung die Sicherheitsmaschinerie wachküsst. In seiner Nachbarschaft ist das ganze Jahr über das Restaurant »Schlosswirt Meseberg« für einen ganz persönlichen Staatsbesuch geöffnet.

SCHLOSSWIRT MESEBERG
Hotel und Restaurant
Inhaber: Bert Groche
Meseberger Dorfstraße 27 • 16775 Gransee OT Meseberg
Tel.: 03306-204 670 • buchung@schlosswirt-meseberg.de
www.schlosswirt-meseberg.de

IM ZIEGELEIPARK MILDENBERG
ALTER HAFEN

6

Nördlich von Zehdenick befinden sich entlang der Havel kleine Seen und Teiche, deren Namen auf »-stich« enden. Hier wurde Ton abgebaut, der von umliegenden Ziegeleien zum Brennen von Ziegeln verwendet wurde. Die Gruben haben sich inzwischen mit Wasser gefüllt. In frühen Zeiten wurde der Ton von Hand »gestochen«, daher die Wortendung. Im Industriezeitalter wurde die mühselige Handarbeit von Maschinen ersetzt. Nach der Entdeckung der großen Tonvorkommen in dieser einzigartigen Tonstichlandschaft wurden um 1895 die ersten Ziegeleien gegründet, aus denen bis 1900 das größte Ziegeleirevier in Europa entstand. Das begehrte Baumaterial wurde auf der Havel in das schnell wachsende Berlin transportiert. Nach der Wende wurde die wegen neuer Bautechniken bereits zurückgefahrene Ziegelherstellung eingestellt. Auf dem Gelände entstand der Ziegeleipark Mildenberg, der über die Ziegelproduktion umfassend informiert. Der ehemalige Ziegeleihafen »Alter Hafen« wird heute als Yachthafen genutzt, es ist aber auch möglich, von dort aus mit gemieteten Booten, Kanus oder sogar Flößen Ausflugstouren auf dem Wasser zu unternehmen.

Seit 2007 empfängt das Gasthaus »Alter Hafen« seine Gäste gleich an der Marina in einem umgebauten ehemaligen Kohlelagerschuppen. Das helle freundliche Restaurant hat eine große Sommerterrasse unter schattigen Bäumen am Wasser. An den Anlegestellen der Marina schwanken Schiffe. Auch über den Wasserweg ist ein Besuch des Gasthauses »Alter Hafen« möglich. Viele

Brautpaare lassen sich im Standesamt im Ziegeleipark trauen und feiern ihre Hochzeit im Gasthaus »Alter Hafen«.

Gekocht wird im Gasthaus »Alter Hafen« mit frischen Zutaten aus der Region. Es gibt saisonal unterschiedliche Angebote mit wechselnder Karte. Zu den langjährigen Lieferanten zählt der Capriolenhof aus Regow mit verschiedenen Sorten hausgemachtem Ziegenkäse, die sich als Vorspeise auf der Regower Käseplatte mit drei Sorten Weichkäse aus der Ziegenkäserei an der Havel in Bio-Qualität wiederfinden, dazu werden Feigensenf, Antipasti und Baguette gereicht. Auch in Regower Häppchen spielt Ziegenfrischkäse in karamellisierter Form eine Hauptrolle, begleitet von Cranberry-Chutney und Wildkräuterbouquet. Vom Fleisch des Bergsdorfer Wiesenrinds wird ein leckerer Burger gezaubert, mit Rotweinzwiebeln, kross gebratenem Bacon, rotem Cheddar und einer Barbecue-Sauce, dazu Pommes frites von der Süßkartoffel. Wer Fisch mag, dem wird das Fischduett gut schmecken mit Filet von Zander und Müritz-Wels, dazu Gurkenrahm und Kartoffelstampf. Im Sommer wird kaltes Dessert angeboten wie der Schwarzwald-Becher mit zwei Kugeln cremigem Amarena-Kirsch-Eis, einer Kugel Schokoladeneis, heiße Kirschen und Sahne.

Die Gaststätte »Alter Hafen« an der Marina im Ziegeleipark Mildenberg bietet nicht nur heutigen Flussschiffern einen angenehmen Aufenthalt, sondern auch Besuchern, die sich für den guten alten Ton begeistern.

ALTER HAFEN
Pension und Restaurant
Geschäftsführung: Stefan Tiepmar
Ziegelei 11 • 16792 Zehdenick OT Mildenberg
Tel.: 03307-301 870 • willkommen@alterhafen.de • www.alterhafen.de

WO DAS KORN GEMAHLEN WURDE

MÜHLE TORNOW

Noch immer verbindet das Mühlenfließ die Havel mit dem östlichen Wentowsee. Hier am Tornower Fließ drehte sich ab 1873 das Wasserrad der Mühle Tornow, in den 1960er Jahren wurde dann die Wasser- durch Stromkraft ersetzt. Nach der Wende war mit dem Mahlen Schluss. Heute strahlt das Mühlenfließ die Ruhe eines mit Schilf umwachsenen Teiches aus. An seinem Ufer laden der Sommergarten, der Biergarten und die bequemen Lounge-Sessel des Restaurants »Mühle Tornow« zum Entspannen ein. Seit 1995 befindet sich die Mühle im Besitz der Familie Schneider, die das Anwesen vor dem Verfall bewahrte. In enger Abstimmung mit dem Denkmalschutz sanierten Vater Hubert Schneider und sein Sohn Christian Schneider das Mühlengebäude und die Scheune. Hubert Schneider ist Bauingenieur, Christian Schneider Koch und Betriebswirt – ideale Voraussetzungen also für das gemeinsame Großprojekt. Im Juli 2010 eröffnete die Mühle Tornow mit Restaurant und Pension. Im Gastraum, wo einst der Müller die Mehlsäcke abfüllte, beeindruckt heute das erhaltene Mahlwerk mit Riemengetriebe die Gäste. Stütz- und Deckenbalken sind noch immer sichtbar und versetzen den Gast in Zeiten zurück, als die Mühle noch aktiv war. Das Restaurant ist stilvoll eingerichtet mit rustikalen Holztischen und warmen Farben. Der Sommer- und Biergarten hinter der Mühle mit Blick auf den Teich lädt auch Ausflügler ein, die das Fluss- und Seengebiet der Oberhavel mit dem Fahrrad oder auf dem Wasser erkunden und sich über eine Abkühlung und

ein wenig Erholung freuen. Im Hofladen, der zur Mühle Tornow gehört, lassen sich beste regionale Zutaten wie Käse, Wurst, Honig oder Kräuter aus dem mühleneigenen Garten einkaufen.

Das Restaurant »Mühle Tornow« bietet saisonale brandenburgische Küche und internationale Gerichte. Besonderer Wert wird auf die Verarbeitung frischer Produkte aus dem Umland gelegt. Für eine gute Mischung aus Klassik und Moderne bürgen Küchenchef Christian Schneider und sein Team, die Erfahrungen aus renommierten Restaurants und Hotels einbringen. Auf der Speisekarte stehen sowohl Gerichte, die dem Müller nach getaner Arbeit gut geschmeckt hätten, wie der Salat mit angebratener Blutwurst, Apfelspalten, Rosmarin und Pflücksalat oder ein Wiesenrind-Burger mit Rindfleisch aus der Region mit karamellisierten roten Zwiebeln, Ahornbacon, Rucola, angetrocknete Strauchtomaten und einer Gorgonzola-Spezialsauce. Fischliebhaber können einen frischen Havelzander mit Frühlingszwiebeln und geschwenktem Ackergemüse bestellen. Der Nachtisch wäre ein hausgebackener Apfelstrudel mit Vanilleeis oder eine gebrannte Creme mit Beerengrütze. Zur Kaffeestunde wird hausgemachter Landkuchen angeboten.

Die Zeiten, in denen das Wandern des Müllers Lust war, sind vorbei, heute wandern nicht nur Müller. Auch das Wandern zu Wasser und auf Rädern wird gepflegt – und wer sich etwas wirklich Gutes tun möchte, gönnt sich dabei eine Rast in der »Mühle Tornow«.

MÜHLE TORNOW

Pension, Hofladen und Restaurant
Inhaber und Küchenchef: Christian Schneider
Neue Straße 1 • 16798 Fürstenberg/Havel OT Tornow
Tel.: 033080-404 850 • info@muehle-tornow.de • www.muehle-tornow.de

IM HOF DES ACKERBÜRGERS

DER SEEHOF

8

Das Städtchen Rheinsberg ist weithin bekannt für sein gleichnamiges Schloss, in dem Friedrich der Große als junger Kronprinz seine glücklichsten Jahre verbrachte, wie er selbst sagte. Unter anderem gründete er in dem Schloss die erste Freimaurerloge Preußens. Mit seiner Krönung im Jahr 1740 endete seine Zeit in Rheinsberg. Am Grienericksee gelegen lässt sich ein Besuch des Schlosses mit einem erholsamen Spaziergang um den See verbinden, an dessen Ende ein gutes Essen einen krönenden Abschluss bieten kann. Nicht weit vom Schloss entfernt kommt man zum Rheinsberger Hafen. Unauffällig fügt sich das Ackerbürgerhaus von 1750, in dem sich das Restaurant »Der Seehof« befindet, in eine Häuserreihe ein, die bis hinunter zu den Anlegestellen reicht. Obwohl es innerhalb der Stadt errichtet wurde, war es doch ein landwirtschaftliches Gehöft mit Stall und Scheune. Noch heute ist dies an seiner Bauweise zu erkennen. Das Ackerbürgerhaus wurde 1997 zu einem Hotel mit Restaurant umgebaut und wird seit 2003 von der Familie Pfeiffer geführt. Ein Innenhof verbindet das Vorderhaus mit einem Gästehaus. Im Erdgeschoss öffnet ein modernes Restaurant seine Türen für Gäste von nah und fern. In der kalten Jahreszeit knistert ein Feuer im offenen Kamin, dem Gastraum zum Hofgarten gibt ein großes Gemälde mit einem Sonnenblumenfeld ein sommerliches Ambiente und der ehemalige Eiskeller wurde zum Separee für besondere Anlässe umgestaltet. Dort kann man sich zu privaten Feiern im kleinen Kreis treffen, serviert wird auf

Wunsch auch ein Rittermahl, das in dem historischen Ambiente des Gewölbes passender kaum sein könnte.

Mit seinem Küchenteam bietet Daniel Pfeiffer eine feine regionale Küche mit mediterranen Einflüssen an. Für Liebhaber der pflanzlichen Küche gibt es eine vegetarische Menükarte mit beispielsweise Nudeltaschen mit würziger Gemüsefüllung, Rotkohl und vegetarischer Bratensauce und als Dessert Mandelmilcheis auf Pflaumenkompott. Viele saisonale Zutaten für die leckeren Gerichte kommen aus der Gegend um Rheinsberg wie eine Bouillabaisse von den heimischen Fischen Zander, Wels und Barsch mit Safranmayonnaise und Kräuterbaguette oder Ziegenkäse mit Aprikosenmarmelade überbacken auf Salat mit Beerendressing. Das Zanderfilet mit Thymian auf Linsengemüse wird von Steinpilzravioli ergänzt. Wer gern Fleisch mag, könnte sich eine geschmorte Ochsenbacke mit Bratensauce, grünem Erbsenpüree und Serviettenknödel oder Königsberger Kalbsklopse mit frittierten Kapern und Rote-Bete-Stampfkartoffeln bestellen. Eines der leckeren, wunderbar für das Auge kombinierten Desserts ist die Crème brûlée mit Tonkabohne in zwei Schälchen, mit Himbeersorbet und Früchten.

Hinter der unscheinbaren blauen Fassade eines Gehöfts aus der Barockzeit verbirgt sich ein Gasthaus im besten Sinne. Ob man dabei im Sommer im Seehof, in einem Hof am See oder im Hof des Seehofs sitzt, findet man am besten bei einem Besuch im Restaurant »Der Seehof« heraus.

DER SEEHOF

Hotel und Restaurant
Inhaber: Kathrin und Daniel Pfeiffer • Küchenchef: Daniel Pfeiffer
Seestraße 18 • 16831 Rheinsberg
Tel.: 033931-40 30 • info@seehof-rheinsberg.de • www.seehof-rheinsberg.de

REGIONALES IM VIERSEITHOF

9

CLAVIS

An der Dorfstraße des Örtchens Netzeband befindet sich das Restaurant »Clavis« in einem renovierten Stallgebäude des familiär geführten Seminarhofs »Der Kemper Hof« auf dem märkischen Vierseithof des vorherigen Landhotels. Hier lässt sich nicht nur bei einem Ausflug die brandenburgische Idylle genießen, auch für eine rundum gelungene und inspirierende Arbeitsatmosphäre ist mit verschiedenen Seminarräumen der Grundstein für erfolgreiche Treffen im beruflichen Kontext gelegt. Der weitläufige Garten des Vierseithofs lädt in den kreativen Pausen zum Entspannen ein. An den aus Ziegelstein gemauerten Gebäuden sind bis heute ihre ursprünglichen Bestimmungen wie Stallung, Scheune oder Gerätelager ablesbar. Das ehemalige Gutshaus an der Straße ist dagegen hell verputzt und hebt sich damit deutlich von den restlichen einstmals landwirtschaftlich genutzten Gebäuden ab.

Durch ein schmiedeeisernes Tor führt der Weg in einen begrünten Innenhof mit Bäumen und hohen Hecken, den das Restaurant »Clavis« als Gartenrestaurant nutzt. Im Inneren ruft das »Clavis« – lateinisch für Schlüssel – mit langen Holztischen die Zeiten einer Gesindetafel hervor, in Sitznischen kommt die Heimelichkeit des Esstisches einer Bauernstube auf. Alle Bedürfnisse finden ihr Plätzchen und die Gäste auf der vielfältigen Speisekarte passende Angebote.

Seit 2013 wird das Restaurant »Clavis« von Marco Gloede geführt. Das Team kocht eine frische, regionale Küche für Semi-

narteilnehmer, Gäste aus der Umgebung oder Ausflügler. Großen Wert legt der Küchenchef auf saisonale Vielseitigkeit und die Erweiterung des Angebots mit vegetarischen und auch veganen Gerichten. Die meisten Zutaten stammen von Produzenten und Manufakturen aus der Region Prignitz-Ruppin.

Einen Schwerpunkt der Karte bilden Wildgerichte. Nach einer Wildsoljanka mit Crème-fraîche-Häubchen und Baguette könnte Kotelett vom Katerbower Apfelschwein folgen mit angeschwenkten Bohnen, Herzoginkartoffeln und Weißwein-Kräutersauce. Für Fischliebhaber wäre die Wahl eines Duetts von Zander und Forelle als gebratene Filets mit Rahmwirsing und Kräuterkartoffeln reizvoll, während Liebhaber der pflanzlichen Kost einen veganen Falafelburger, also Falafel im Vollkorn-Burger-Bun mit Paprika, Zucchini, Tomate, Rucola und hausgemachter Basilikum-Burgersauce, dazu Süßkartoffel-Pommes-frites schätzen würden. Zu Kaffee und Dessert werden hausgebackene

Kuchen, Apfelstrudel, Eisvariationen oder ein Schokoküchlein mit Chilikirschen angeboten.

In unmittelbarer Nachbarschaft zum Restaurant »Clavis« findet in der Ortschaft Temnitzquell regelmäßig ein bekannter Theatersommer mit Konzerten, Lesungen und Theatergastspielen statt. Höhepunkt bildet ein Synchrontheater mit Musik und kunstvollen, überdimensionalen Masken auf einer großen Wiese bei der Temnitzkirche. Mit einem Besuch im Restaurant »Clavis« lassen sich auf ideale Weise Theaterkultur und Esskultur miteinander verbinden.

CLAVIS

Restaurant im Tagungshotel »Der Kemper Hof«
Inhaber: Marco Gloede
Dorfstraße 11 • 16818 Temnitzquell OT Netzeband
Tel.: 033924-898 30 • restaurant-clavis@arcor.de • www.derkemperhof.de

BEI DEN RAUBRITTERN

10

SCHLOSS GRUBE

Hell und freundlich steht Schloss Grube von den mächtigen Bäumen des Parks umgeben in der Ortsmitte der ländlich geprägten Ortschaft Grube. Es ist das letzte erhaltene Gutshaus des in der Prignitz einstmals bedeutenden Rittergeschlechts derer von Quitzow, dessen Mitglieder als Raubritter gefürchtet waren. Als Barockbau wurde es 1740 auf den Resten eines Vorgängerbaus errichtet. Die alten Kellermauern mit ihrer beeindruckenden Dicke sind noch erhalten. Später folgten Besitzerwechsel, mehrere Umbauten und unterschiedliche Nutzungen während der DDR-Zeit. Einige der umliegenden Wirtschaftsgebäude wurden abgetragen, weshalb das Gesamtensemble heute nicht mehr ganz dem ursprünglichen Zustand entspricht.

Die jetzigen Eigentümer begannen 2008 mit einer denkmalgerechten Instandsetzung und Veränderung des Herrenhauses zu einem hochwertigen Hotel mit Zimmern, Suiten und einem Trauzimmer. 2010 wurde Schloss Grube mit dem Brandenburgischen Denkmalpflegepreis für eine gelungene Sanierung ausgezeichnet. Die Räume sind hell, offen und großzügig gehalten. Wo man hinschaut, hängen in einer Dauerausstellung qualitätsvolle Zeichnungen und Malereien an den Wänden. Die Schlossinhaber sind passionierte Kunstliebhaber. Ergänzend zum Schloss wurde das historische Waschhaus in der Nachbarschaft mit stilvollen Gästezimmern ausgestattet, in denen der Gast sich mit Sauna und Sportstudio entspannen und wohlfühlen kann. Ein renovierter Vierseithof am Ortsrand bietet weitere Übernach-

tungsmöglichkeiten und noch dazu eine umgebaute Scheune für Veranstaltungen.

In dem hochwertigen Boutique-Hotel »Schloss Grube« stehen für Tagesgäste eine Bar mit Café und Kuchen, die erhöhte Terrasse zum Park, eine Brasserie und das geschmackvoll eingerichtete À-la-carte-Restaurant bereit, das an Wochenenden sein Angebot um ein Menü erweitert. Die Küche komponiert Gerichte mit frischen Produkten von regionalen Erzeugern und aus dem eigenen Schlossgarten. Bei den Hauptspeisen wird Bewährtes angeboten wie Königsberger Klopse mit Kapern und Kartoffelstampf, dazu Rote-Bete-Salat oder Zanderfilet auf Gnocchi in

Pesto geschwenkt und Tomaten-Marmelade. Den Blick über den Prignitzer Tellerrand wagt Surf and Turf, Rumpsteak und Riesengarnelen an Rosmarinkartoffeln mit frischem Blattsalat. Als süße Nachspeise werden Klassiker angeboten wie Crème brûlée mit frischen Beeren oder Beerengrütze mit Vanilleeis. Nach französischem Gusto kann eine Käseplatte mit vier Sorten Käse, Senf von der Feige und Baguette gewählt werden.

Auf der Terrasse des Schlosses kann man der Stille eines Dorfes lauschen. Ab und zu zwitschern in den hohen Bäumen Vögel, eine Kuh blökt auf der nahen Weide und in seinem Nest auf einem stillgelegten Schornstein klappert ein Storchenpaar. Die früheren Eigentümer, die Herren von Quitzow, hatten es zweifellos schön in ihrem Herrenhaus. Ihr Speisesaal dürfte jedoch etwas rustikaler als das elegant eingerichtete Restaurant »Schloss Grube« gewesen sein.

SCHLOSS GRUBE
Hotel und Restaurant
Geschäftsführung: Bork Melms
Gruber Dorfstraße 24 • 19336 Bad Wilsnack OT Grube
Tel.: 038791-801 748 • email@schloss-grube.de • www.schloss-grube.de

VEGANE GENÜSSE AUF BURG LENZEN

PLACE TO V

11

Im nordwestlichen Zipfel Brandenburgs liegt im Vierländereck, in dem Mecklenburg-Vorpommern, Niedersachsen, Sachsen-Anhalt und Brandenburg aufeinandertreffen, an der Löcknitz das Städtchen Lenzen. Seine Fachwerkhäuser, die alte Stadtmauer und die schmalen Straßen verströmen den authentischen Charme einer Ortschaft, über die noch kein dem Tourismus geschuldetes Verschönerungsprogramm hinweggefegt ist. Über den Ziegeldächern thront die Burg Lenzen mit ihrem markanten Turm. In der einen Burghälfte informiert das BUND-Besucherzentrum über die Landschaft der Elbtalauen im UNESCO-Biosphärenreservat Flusslandschaft Elbe, das vor der Tür liegt.

In der anderen Burghälfte eröffneten im Sommer 2021 Jonas Mog und Kim Stellbrinck das nachhaltige »ahead burghotel« mit dem veganen Restaurant »place to V«. Beide haben sowohl in Deutschland als auch international Erfahrung in Hotels und in der Gastronomie gesammelt. Auf Burg Lenzen konnten sie ihren Traum von einem klimapositiven, nachhaltig ausgerichteten Hotel und einem rein pflanzlichen und ökologischen Restaurant verwirklichen. Externe Gäste sind sieben Tage die Woche willkommen, für abends sollte man jedoch vorher reservieren. Der Nachhaltigkeit und der pflanzlichen Ernährung geschuldet, wird auf die CO_2-Bilanz geachtet, auf Plastik und Einwegverpackungen verzichtet. Getränke und Lebensmittel werden von regionalen Betrieben angeliefert, der überwiegende Teil der Lebensmittel stammt aus kontrolliert ökologischem Landbau

und die Speisekarte ist saisonal ausgerichtet, um jahreszeitliches Gemüse und Obst wertzuschätzen. Aus Äpfeln, Birnen und Pflaumen von der Streuobstwiese werden beispielsweise Marmeladen fürs Frühstück hergestellt.

Vom Restaurant in der Burg und der großen Sonnenterrasse schweift der Blick über den als Parterregarten angelegten Burgpark, in dem frische Kräuter für die vegane Küche wachsen, und über die großen alten Bäume der Parklandschaft. Manchmal flattert ein Vogelzug in Richtung Elbe. Direkt vom Schlosspark aus können Gäste zu einer Tour auf dem Wasser starten, Kanus und Stand up Paddleboards können vor Ort gemietet werden.

Die Karte verweist auf eine Küche, die Regionales mit Internationalem zu verbinden weiß und sich gleichzeitig dem Wechsel der Jahreszeiten anpasst, wie z. B. mit Pfifferlingen an geschmortem Sellerie und Vichymöhren, Sommertrüffel, Schalottenmarmelade, Kartoffelcrunch und Thymian-Jus oder

Blumenkohl mit Rote-Bete-Hummus, Panko-Falafel, Pinienkerne, Granatapfelkerne und Jalapeño-Minz-Dip. Als Nachspeise ein Schokoladen-Malheur mit Vanilleeis, Kirschcrunch und dehydrierter Erbsenmilch oder Lemongrass Crème brûlée mit Kaffir Lime.

Das alte Städtchen Lenzen, das Burghotel über der Stadt, das Burgrestaurant »place to V« mit frischer, veganer Küche, der romantische Burgpark und die idyllischen Elbtalauen ergänzen sich wunderbar zu einem Ausflugsort, an dem gesunde Ernährung, Erholung und Naturerlebnis garantiert sind.

PLACE TO V

ahead burghotel und Restaurant
Geschäftsführung: Jonas Mog, Kim Stellbrinck
Burgstraße 3 • 19309 Lenzen/Elbe
Tel.: 038792-507 83 00 • reservierung@placetov.de • www.aheadhotel.de

HINTER DEM DEICH *12*
ALTER HOF AM ELBDEICH

Sicher vor Überschwemmung stehen die alten Fachwerkhäuser aus roten Ziegeln hinter dem hohen Elbdeich. Das älteste Bauernhaus wurde in der ersten Hälfte des 19. Jahrhunderts erbaut. Reetgedeckt zeigt es stolz seine gekreuzten Pferdeköpfe am Giebel. Der Weg auf dem Elbdeich lädt zu erholsamen Spaziergängen ein. Im Winter mit Blick über glitzernde verschneite Elbtalauen und Eisschollen auf der Elbe, im Frühling und Sommer über grüne Auenlandschaften des mäandernden Flusses, der sich je nach Wasserstand zurückzieht oder in die Breite ausdehnt. Das UNESCO-Biosphärenreservat Flusslandschaft Elbe gilt als eine der letzten naturnahen Flusslandschaften Mitteleuropas mit einer Vielzahl seltener Tiere und Pflanzen.

Im Jahr 2010 haben Annett Senst und Dirk Wolters das Landhotel mit Restaurant »Alter Hof am Elbdeich« übernommen. Viel Mühe und Aufwand waren notwendig, um in den Häusern ansprechende Zimmer mit Wellnessangebot einzurichten. In enger Abstimmung mit dem Denkmalschutz wurde eine zerstörte Scheune mit historischem Baumaterial wieder regionaltypisch aufgebaut. Kräftige Balken mit eingeritzten Hausinschriften zeugen von den alten Zeiten. Auf dem Hof sind das Hotel und das Restaurant untergebracht, das in der zweiten Wochenhälfte mit einem Angebot an frischen regionalen Speisen auch für Tagesgäste öffnet. Die beiden Inhaber haben sich Nachhaltigkeit auf die Fahne geschrieben. Regenwasser wird gesammelt und weiter genutzt, Sonnenenergie trägt zum Energiehaushalt bei und nahe der Straße ist eine E-Ladesäule geplant.

Die gelernte Köchin Annett Senst und der aus der Hotelbranche kommende Dirk Wolters stehen selbst in der Küche. Die Karte ist gezielt vegetarisch und vegan ausgelegt, Wünsche für ayurvedische Speisen oder das Weglassen von persönlich unerwünschten Zutaten werden gerne erfüllt. Wenn ein Gast noch kein überzeugter Vegetarier ist, bietet die Küche auch Biofleisch vom nahe gelegenen Bauernhof an. »Im Grunde«, sagt Dirk Wolters, »machen wir es gerade anders herum, als sonst üblich. Statt Fleisch mit Beilage empfehlen wir stattdessen ein vollständiges vegetarisches Gericht und dazu als Beilage eine Fleischspeise.« Den »Alten Hof am Elbdeich« versorgen regionale Zulieferer, die Annett Senst und Dirk Wolters persönlich kennen. Gemüse, Beeren, Geflügel, Eier, frische Kräuter oder Öl von der Ölmühle kommen aus der Umgebung oder vom eigenen Garten. Alle pflanzlichen Gerichte werden mit dem Anspruch einer Naturküche nach Grundsätzen einer vollwertigen Ernährung zubereitet und geschmacklich oft unerwartet kombiniert. Nach Dirk Wolters gab es schon Überraschungsmomente, wenn der Eigengeschmack eines Gemüses zur Geltung kam, wie man ihn vorher noch nicht kannte oder je nach Zubereitung ein unerwartetes Aroma den Gaumen kitzelte.

Die Landküche auf moderne vegetarische Art bietet z. B. Prignitzer Kartoffelecken mit Linsen, Roter Bete, Petersilie, Oregano, veganem Kräuterquark, grünem Salat mit frischen Kräutern und essbaren Blüten. Italien lässt grüßen bei handgemachten Tagliolini, Tomate, Rucola, Oregano, Parmesan vegan und Kürbiskern-Pesto. Als Fischgericht kann ein Filet vom heimischen Wels gewählt werden mit Senf, Ei, Möhre, Gemüse, Butter und Kartoffeln.

Es lohnt sich, in das nordwestliche Dreiländereck des Landes Brandenburg zu reisen. Traumhafte Flusslandschaften, ruhige Spaziergänge, Übernachtung auf einem alten Bauernhof und ein Restaurant, das mit Liebe zubereitete pflanzliche Kost bietet – für Traditionalisten auch mit Bio-Fleischbeilage.

ALTER HOF AM ELBDEICH

Hotel, Ferienwohnungen und Restaurant
Inhaber und Küchenchefs: Annett Senst, Dirk Wolters
Am Elbdeich 25 • 19309 Lenzerwische OT Unbesandten
Tel.: 038758-357 80 • info@alter-hof-am-elbdeich.de • www.alter-hof-am-elbdeich.de

IM NORDOSTEN

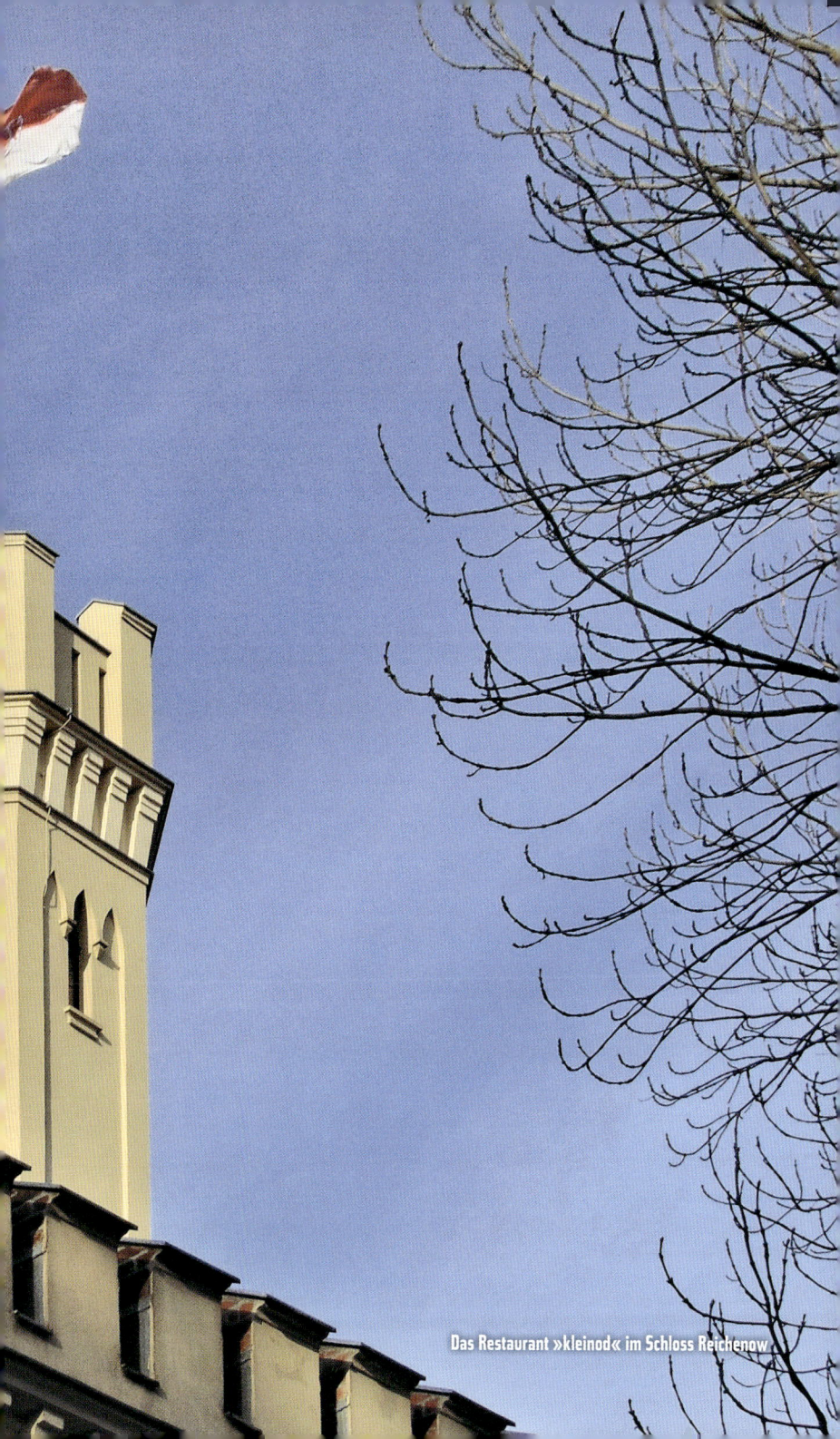

Das Restaurant »kleinod« im Schloss Reichenow

EINE OASE DER RUHE *13*
GUT SARNOW

Unerwartet taucht am Ende der schmalen Stichstraße, die von der Landstraße in den Wald abzweigt, ein Wirtschaftsgebäude mit dem großen Schriftzug »Gut Sarnow – Restaurant und Hotel« an der Giebelwand auf. Das Gutshaus, das die Gäste hätte empfangen können, wurde Ende der 1970er Jahre abgerissen, als das Gut von einem Tierzuchtbetrieb auf eine große Pferdezucht umgestellt wurde. Seither sind hier Pferde zu Hause und fühlen sich wohl. Es öffnet sich ein weiter Platz mit einem Brunnen, dahinter befinden sich ehemalige und neue Stallgebäude. Große Pferdeweiden umgeben das Gut, das nicht weit entfernt vom Großen Sarnowsee liegt. Als das Ehepaar Kristina und Ulrich Sievers 2007 zum ersten Mal »Gut Sarnow« besuchte, sah alles noch nicht so gepflegt aus wie heute. Doch konnten sie sich sofort vorstellen, hier ihren Traum von einem Hotel, Reiterhof und einem Restaurant, in dem auch kulturelle Veranstaltungen stattfinden, zu verwirklichen. Nach der Sanierung der maroden Gebäude, dem Bau neuer Reithallen, Stallungen und Koppelanlagen sowie der Renovierung des Hotels, das die Treuhand nach der Wende eingerichtet hatte, bietet »Gut Sarnow« eine Oase der Ruhe inmitten der ohnehin geräuscharmen Schorfheide.

Als Restaurant wurde an das Hotel ein großer, nach allen vier Seiten verglaster Wintergarten mit hohen Glasfronten angefügt. Vor seiner Verwendung in der Schorfheide bildete das Metallgerüst die Garderobe des Museums am Ostwall in Dortmund. Ein hoher Sockel lässt die Gäste förmlich über der Landschaft schweben. Von dem modernen Wintergarten des Restaurants und einer Sommerterrasse geht der Blick über

Koppeln, auf denen in aller Ruhe Pferde die Zeit vergehen lassen und nach Futter suchen.

Auf der Karte mit Spezialitäten aus der Region finden sich Gerichte mit Wild, das von der Eigenjagd des Guts stammt. Hausgemachte schmackhafte Wildspezialitäten wie Wildschweinbraten, Sülze, Medaillons oder Ragout bereichern die saisonale brandenburgische Küche des Hauses. Neben Wildgerichten wie hausgemachte Wildschweinsülze mit Preiselbeer-Senf-Sauce und Bratkartoffeln stehen auf der Karte Burgunderbraten von heimischen Weidetieren mit Rotkohl oder Rindertafelspitz mit Apfel-Meerrettich-Sauce. Als Fischgericht ein Zanderfilet auf der Haut gebraten auf Bärlauchrisotto mit geschmorten Kirschtomaten. Als Nachspeise einen Kaiserschmarrn mit Rosinen und Zwetschgenröster. Die Speisekarte wird regelmäßig geändert, stets werden frische Speisen der Saison serviert. Im Frühling sind es beispielsweise Spargel- und

Bärlauchgerichte, im Herbst dreht sich alles um Pfifferlinge, Maronen und andere Waldpilze.

Die originelle Mischung aus Reiterhof, Landhotel, gemütlichen Apartments, kulturellen Veranstaltungen, Feiern und Erholung sowie einem anspruchsvollen Restaurant machen den besonderen Charme von »Gut Sarnow« aus. Auf dieser Insel lenken wellige Weiden und gemächlich grasende Pferde vom Alltag ab.

GUT SARNOW

Hotel und Restaurant
Geschäftsführung: Familie Sievers
Eichhorster Chaussee 5 • 16244 Schorfheide OT Groß Schönebeck/Sarnow
Tel.: 033393-658 25 • info@gut-sarnow.de • www.gut-sarnow.com

AUFERSTANDEN AUS RUINEN

14

CAFÉ WILDAU

Malerisch liegt das »Café Wildau« auf einem Seegrundstück am außergewöhnlich tiefen eiszeitlichen Werbellinsee im UNESCO-Biosphärenreservat Schorfheide-Chorin. Seine Wälder, Wiesen, Seen, Flüsse und Moore sind Heimat einer Vielzahl geschützter Pflanzen und Tiere. Wegen des großen Wildbestands ist die Schorfheide schon seit geraumer Zeit ein beliebtes Jagdgebiet, lange auch für die Eliten Preußens und später der DDR. Gerne übernachten Jäger im angeschlossenen Hotel, dessen Apartments mit einem Waffenschrank ausgestattet sind.

Ein Zementfabrikant namens Bernoulli ließ in der zweiten Hälfte des 19. Jahrhunderts eine Villa am Werbellinsee errichten. Wegen seiner schönen Lage kaufte Kaiser Wilhelm II. das Refugium als Gästehaus für sein nahe gelegenes Jagdschloss Hubertusstock. Nach dem Zweiten Weltkrieg wurde das Haus zum »Café Wildau« und damit zu einem beliebten und bald schon traditionsreichen Ausflugslokal. Im Jahr 1974 veranlassten die DDR-Behörden die Schließung und ließen das Anwesen verkommen. Eine Woche vor dem Staatsbesuch des westdeutschen Bundeskanzlers Helmut Schmidt auf Schloss Hubertusstock 1981 wurde das Gebäude zur Verschönerung des Ufers abgerissen und der Bauschutt im See versenkt. Nur die Kellergewölbe waren noch übrig, als die Familie von Hertzberg 2006 Grund und Boden des alten »Café Wildau« erwarb und eine Wiedererrichtung in die Wege leitete. Am 1. Juli 2009 feierte das neue »Café Wildau« als Hotel und Restaurant seine Einweihung.

Mit seinen Terrassen, einer Plattform, die auf Pfählen über dem Wasser schwebt, und einem Bootssteg bietet das gediegen eingerichtete Restaurant im Sommer seinen Gästen südländisches Flair an einem eiszeitlichen See. Neben erlesenen Kreationen der mediterranen Küche liegt ein Schwerpunkt der zeitgemäßen modernen Kulinarik auf frischen Produkten und Wild aus den umliegenden Wäldern. Bei einem Restaurant mit Ufergrundstück an einem fischreichen See dürfen natürlich Fischspezialitäten nicht fehlen. Vegetarische und vegane Gerichte ergänzen das vielfältige Angebot. Saisonales der Region wie Spargel im Frühjahr oder ab Sommer Pfifferlinge und Steinpilze werden in leckeren Variationen in der Küche veredelt. Als Vorspeise bietet die Karte Carpaccio vom Reh, geräucherte Mayonnaise, Senfsaat, Urmöhren-Chutney und Wildkräuter oder Zanderbällchen, Sellerie, Schweineschwarte und Kaviar. Zum Hauptgang ein Zanderfilet, gebraten mit Fenchel, Beurre blanc, Kaviar und Kartoffelpüree oder einen geschmorten Wildschweinbraten mit Kräuterseitling und Bärlauch oder gegrillter Wilder Brokkoli mit veganer Sour Cream und Perlgraupen. Als Dessert zum Beispiel ein Schokoladensoufflé mit frischen Früchten, Himbeersud, Schokoladenerde und Eis.

Wie eh und je ist das wunderbar am Werbellinsee gelegene Restaurant »Café Wildau« einen Ausflug wert. Am Wasser sitzen, die regionale Küche mit mediterranen Einflüssen aufgetischt – da lässt sich genussvoll die Zeit vergessen.

CAFÉ WILDAU

Hotel und Restaurant
Geschäftsführung: Thomas Lindenberg
Wildau 19 • 16244 Schorfheide OT Eichhorst
Tel.: 033363-526 30 • info@cafe-wildau.de • www.cafe-wildau.de

FACHWERK IM ODERBRUCH

15

DAMMMEISTEREI ZOLLBRÜCKE

Die letzten Häuser am Ende der Landstraße gehören zum Wohnplatz Zollbrücke des Ortsteils Zäckericker Loose der Gemeinde Oderaue. Weiter geht es nicht mehr, die breite Oder versperrt den Weg. Vor Überflutungen des Grenzflusses zu Polen schützt ein Damm die wenigen Häuser, Höfe, Felder, Wiesen, einen Ziegenhof und das »Theater am Rand«, das vor Jahren zwei Theaterbegeisterte im Oderbruch gegründet haben und das schon längst ein echter Insider-Tipp ist. Zur Erinnerung an eine hölzerne Zollbrücke, die 1755 die ersten Siedler des trockengelegten Oderbruchs über die Oder bauten, durchbricht eine gemauerte Scharte den Deich. Um ohne Boot vom Oderbruch zu ihren Ländereien auf der anderen Seite des Flusses in Zäckerick, heute Siekierki, zu gelangen, nutzten die Bauern die Brücke. Ein Eishochwasser zerstörte 1806 den Übergang. Er wurde durch eine Fähre ersetzt, deren Betrieb nach dem Ende des Zweiten Weltkriegs eingestellt wurde. Seither endet die Straße hier als Sackgasse.

    Am Damm stehen zwei langgestreckte Fachwerkhäuser aus dem 18. Jahrhundert. In einer der Scheunen, die dem Dammmeister gehörten, empfängt das Restaurant »Dammmeisterei Zollbrücke« seine Gäste, in der anderen ist die Küche untergebracht. Liebevoll renoviert bietet das Restaurant seit 2010 die gehobene Küche einer Landgaststätte. Zum gemütlichen Ambiente des Restaurants tragen nicht nur die alten Stützbalken bei, die erhalten wurden. Wechselnde Kunstausstellungen mit Werken

regionaler Künstlerinnen und Künstler zieren die Wände und verkürzen die Zeit, in der man auf das Essen wartet.

Mit ihrer Sommerterrasse an einer großen Wiese ist die »Dammmeisterei« beliebt bei Stammgästen, bei Besuchern des »Theaters am Rand« oder bei Ausflüglern, die einen Blick über die Oderauen ins Nachbarland Polen werfen möchten. Auch ein Fahrradverleih ist in den ehemaligen Scheunen untergebracht. Ob zu Fuß oder mit dem Rad, der Dammweg lädt dazu ein, die wunderschöne Oderlandschaft bei gesunder Bewegung zu erkunden. Auch wer im größeren Rahmen feiern möchte, ist hier richtig. Bis zu 100 Personen können in der »Dammmeisterei Zollbrücke« bewirtet werden.

Um das leibliche Wohl der Gäste kümmert sich Alexander Thomas, der Betreiber und Küchenchef des Restaurants »Dammmeisterei Zollbrücke«. Die Speisekarte wechselt, je nachdem, was von den regionalen Lieferanten angeboten wird und wie hold das Jagdglück war. In der ausgewogenen Speisekarte sind Gerichte der feinen Landküche zu finden, zum Teil mit mediterranem Anklang. Vom heimischen Fisch wird eine Forelle im Kräuter-Knusper-Mantel mit Thymian-Zitronen-Risotto und Paprika-Tomaten-Zucchini-Gemüse in Weißweinsud angeboten, aus der Landhausküche ein Dammmeister's Schnitzel in Malzkruste mit Röstkartoffeln und Gurken-Rahm-Salat. Hatte der Jäger Erfolg, steht gebratenes Wild aus dem Oderbruch mit Urweizenjus, Kartoffel-Gemüse-Gratin und Zuckerschoten-Tomaten-Gemüse auf der Karte. Zum Dessert eine Creme brûlée mit marinierten Früchten in Lavendelzucker oder ein Malheur au Chocolat mit Zwetschgensugo und einer Kugel Vanilleeis. Passend zur Landküche und zum Sommergarten bietet das Restaurant »Dammmeisterei Zollbrücke« neben qualitätsvollen Weinen auch eine leckere Auswahl an Bieren an.

Mit seinen Wechselausstellungen, dem einladenden Sommergarten und seiner gepflegten Regionalküche haben das Restaurant »Dammmeisterei Zollbrücke« und das »Theater am Rand« ein kleines, aber feines kulturell-kulinarisches Zentrum im Oderbruch geschaffen.

DAMMMEISTEREI ZOLLBRÜCKE

Geschäftsführung und Küchenchef: Alexander Thomas
Zollbrücke 10 • 16259 Oderaue OT Zäckericker Loose
Tel.: 033457-469 099 • info@dammmeisterei.de • www.dammmeisterei.de

EIN SCHLOSS IM TUDORSTIL

KLEINOD

16

Hell wie ein Schmuckstein leuchtet das Schloss Reichenow zwischen dem satten Grün der alten Bäume des Schlossparks. August Freiherr von Eckardstein ließ es in den Jahren 1897 bis 1900 im Stil der englischen Neugotik mit Gutshof und Park am Nordende des Dorfes Reichenow errichten. Wie zu seiner Erbauungszeit zeigt das repräsentative Schloss vorgebaute Loggien, Balkone mit Balustraden, Ecktürmchen und umlaufende Zinnen. Obwohl Schloss Reichenow nach der Flucht der Eigentümerfamilie 1945 vor der anrückenden sowjetischen Armee mehrere Nutzungen wie Schule, Kindergarten, Friseursalon, Lebensmittelladen, Kneipe, Wohnungen und Veranstaltungshotel erdulden musste, blieb es glücklicherweise von verändernden Umbauten und Umgestaltungen verschont. In einigen Räumen sind noch originale Bodenbeläge, Wand- und Deckenverkleidungen und in der Küche die ursprünglichen Wandfliesen vorhanden. Schloss Reichenow ist ein herausragendes Beispiel für den von der englischen Neugotik inspirierten Neo-Tudorstil in Brandenburg.

Auf der Rückseite des Schlosses senkt sich eine breite Wiese hinunter zum Gewässer Langer See mit üppigem Schilf am Ufer. Die Höhenunterschiede der eiszeitlichen Hügellandschaft zeigen sich von ihrer reizvollsten Seite und wurden in den 25 Hektar großen Schlosspark gekonnt miteinbezogen.

Das vor einigen Jahren von der Eigentümerin, der Brandenburgischen Schlössergesellschaft, renovierte Schloss wird seit 2017 an die Familie Eilers verpachtet. Geschäftsführer Jan Eilers

ist gelernter Koch und Hotelbetriebswirt. In seiner Person vereint er alles Notwendige, um dieses schöne Schloss in ein romantisches Hotel für Individualisten, Familienfeiern und Tagungen mit einem herausragenden Schlossrestaurant zu verwandeln. Ein Kurator kümmert sich um die Auswahl, Hängung und Stellung von zeitgenössischer Malerei und Skulpturen, die in Foyer, Restaurant, Hotelbar, Treppenhaus und in den Tagungs- und Veranstaltungsräumen das Schloss bereichern und ein spannendes Miteinander von klassisch und modern erzeugen.

Ausgewählte Veranstaltungen wie Eselwanderungen in der Umgebung bieten den Hotelgästen Abwechslung, laden aber auch Tagesgäste zu einem besonderen Ausflug ein, der bei einem leckeren Essen im Schloss Reichenow einen würdigen Abschluss findet.

Wie in der gesamten Anlage verbinden sich auch auf der Speisekarte des Restaurants »kleinod« im Schloss Reichenow gekonnt Historisches und Zeitgemäßes. Einen Schwerpunkt bildet die Verbundenheit mit der Region. Viele Produkte wie Gemüse, Marmelade, Käse oder Würstchen kommen direkt vom Erzeuger aus der Umgebung. So werden Fische aus den nahen Gewässern in der schlosseigenen Räucherei veredelt. Saisonale und regionale Aufmerksamkeit wird in der Speisekarte offenbar, wie z. B. bei Lammkotelett aus der Schulter mit Linsenvariation, Spargel-Kimchi-Ravioli mit Gemüsesud du Pastinake in Texturen oder als Fischgericht Stör mit Brunnenkresse, Apfel, Kaviar und Graupen. Als Nachspeise weiße Schokolade mit Erdbeer-Rhabarber-Ragout, Himbeere und Baiser oder ein Soufflé mit Zitrone, Topfen, Erdbeere und Spargel. Qualitätsbewusst zeigt sich die international inspirierte Auswahl an Weinen und Spirituosen. Mit einem Longdrink an der Hotelbar kann der Abend ausklingen.

Mit seiner Maxime »regional, nachhaltig, frisch und bodenständig« bewahrt Gastgeber Jan Eilers in einem Traumschloss den kulinarisch gehobenen Anspruch eines herrschaftlichen Gutshofs, der aus einheimischen Erzeugnissen aus Wald, Wasser und Ackerfurche schöpft.

KLEINOD
Hotel und Restaurant
Inhaber und Küchenchef: Jan Eilers
Neue Dorfstraße 1 • 15345 Reichenow-Möglin
Tel.: 033437-276 628 • hotel@schlossreichenow.com • www.schlossreichenow.com

AM SCHLOSS DES FÜRSTEN

17

BRENNEREI

Im Jahr 1801 brannte das Dorf Quilitz, wie Neuhardenberg zu jener Zeit hieß, nieder und nur das Schloss blieb verschont. Einige Jahre danach wurde der erst 20-jährige Baumeister Karl Friedrich Schinkel (1781–1841) mit dem Wiederaufbau des Ortes beauftragt. Neben dem Neubau der berühmten Kirche und der Gutsgebäude legte Schinkel den Dorfanger im Sinne einer stadtplanerischen Ordnung an. Die Geschichte des Schlosses begann jedoch schon früher. Als Anerkennung für seine Rettung in der Schlacht bei Kunersdorf 1759 übergab König Friedrich II. dem preußischen General Joachim Bernhard von Prittwitz das Rittergut Quilitz. Anstelle des markgräflichen Amtshauses ließ von Prittwitz von 1785 bis 1790 ein eingeschossiges Schloss mit zwei Seitenflügeln und einem Mansarddach bauen. Jahre später kam das Gut in den Besitz des preußischen Staatskanzlers Karl August Fürst von Hardenberg und das Dorf wurde in Neu-Hardenberg umbenannt. Der Fürst ließ das Schloss von 1820 bis 1822 um ein Geschoss erhöhen. Schinkel verwandelte dabei das Gebäude in ein klassizistisches Landschloss.

Nach umfassender Renovierung und Umbau der Gesamtanlage Schloss Neuhardenberg richtete der Deutsche Sparkassen- und Giroverband im Jahr 2002 ein Zentrum für Kunst, Kultur, Wissenschaft und Wirtschaftsethik ein, mit angeschlossenem Hotel- und Gastronomiebetrieb. Im Zuge der Gesamtsanierung wurde die ehemalige Brennerei in Nachbarschaft der Kirche zu einem modernen Restaurant umgestaltet. In dem hohen Gast-

raum wurde eine zweite Ebene eingefügt, die über eine dominante Treppe erreichbar ist. Die schnörkellose Gestaltung und Einrichtung vermitteln einen modernen Landgasthaus-Charakter. Bewusst wird die Vorstellung einer antiken Schlossbrennerei umgangen.

Bei schönem Wetter öffnet die windgeschützte Terrasse im Brennerei-Hof. Das Landgasthaus »Brennerei« ist ein À-la-carte-Restaurant mit einer modernen Landküche. Die Zutaten kommen von regionalen Zulieferern oder aus dem eigenen Garten. Aus heimischem Obst werden Gelee und Säfte gewonnen. Bienenvölker auf dem Parkgelände produzieren den eigenen Schlosshonig. Es werden saisonale Gerichte angeboten wie z. B. Strudel vom Steinchampignon mit Spinat, Soja und Tofu oder brandenburgische Schäfer liefern die Lammkeule, zu der Thymian, Bohnen und Rosmarinkartoffeln serviert werden. Auch Standardgerichte stehen auf der Karte wie ein feines Wiener

Schnitzel mit Preiselbeeren, Gurkensalat und Bratkartoffeln, wobei alle Zutaten aus Brandenburg stammen. Als süße Nachspeisen werden Creme brûlée, Frucht, weiße Schokolade und Minze oder eine Schokoladensünde aus Kuchen, Eis und Mousse angeboten.

Mit seinen vielfältigen Angeboten für Unterkunft, Tagungen, Seminare, Lesungen, Konzerte, Theater oder Open-Air-Veranstaltungen im Schlosspark bildet die Stiftung Schloss Neuhardenberg einen kulturellen Ort in Brandenburg mit weiter Ausstrahlung. Das Landgasthaus »Brennerei« trägt bedeutend zu dem guten Ruf bei.

BRENNEREI
Schloss Neuhardenberg, Hotel und Restaurant
Schinkelplatz 1–8 • 15320 Neuhardenberg
Tel.: 033476-60 00 • www.schlossneuhardenberg.de

SOMMERTERRASSE MIT TALBLICK

18

BERGSCHLÖSSCHEN

Im Naturpark Märkische Schweiz hinterließ die Eiszeit eine hügelige Landschaft mit Seen, Bergen und Tälern. Der in einem Talkessel am Schermützel-, Griepen- und Buckowsee gelegene Kneippkurort Buckow bietet alles für einen erholsamen Aufenthalt. Er ist umgeben von Bergen bis zu einer Höhe von 129 Metern über NHN. Ein Spaziergang kann also spürbar bergan führen. Wegen seiner schönen Lage und gesunden Luft war Buckow bereits im 19. Jahrhundert ein beliebter Erholungsort. Nach Inbetriebnahme einer Kleinbahn entwickelte sich in den 1920er Jahren das Städtchen zum bevorzugten Kur- und Badeort vor den Toren Berlins. Auch bekannte Persönlichkeiten zog es nach Buckow wie Bertolt Brecht und Helene Weigel, die in den 1950er Jahren am Schermützelsee die Sommer verbrachten. Das Brecht-Weigel-Haus ist heute ein Museum. Im Sommer finden die »Buckower Rosentage« mit der Buckower Rosenkönigin und ihrem Gefolge statt. Im 19. Jahrhundert war Buckow als Rosenanbaugebiet bekannt. Eine Besonderheit bietet in der Sommersaison der Verein Museumsbahn Buckower Kleinbahn, wenn seine Mitglieder die 1998 stillgelegte Kleinbahn zwischen Müncheberg und Buckow wieder in Betrieb nehmen.

Mit einer erstaunlichen Aussicht hinunter ins Tal, wo als markanter Punkt der barocke Kirchturm der Evangelischen Stadtpfarrkirche emporragt, wurde um 1910 das Hotel »Bergschlösschen« im Stil einer Villa erbaut. Bis Anfang der 1950er Jahre wurde das Hotel privat betrieben, bis es der Staat über-

nahm. Nach der Wende konnten die Eltern der heutigen Geschäftsführerin Nadine Moore das Hotel und Restaurant »Bergschlösschen« erwerben und als familiengeführtes Haus 1992 neu eröffnen. Mit einem Gästehaus wurde das Übernachtungsangebot erweitert. Für Familien- und Firmenfeiern wird eine gemütlich renovierte Feldsteinscheune genutzt. Ein Wintergarten mit sommerlichen Korbsesseln erweitert das Restaurant mit seiner dezenten Ausstattung, die großzügige Sommerterrasse bietet einen wundervollen Panoramablick.

Für das Restaurant »Bergschlösschen« bezieht Nadine Moore Gemüse, Obst, Eier, Milchprodukte, Geflügel, Fleisch und Fisch auch von regionalen Produzenten. Ihr Interesse an nachhaltiger Küche zeigt ihre Mitgliedschaft in der Slow-Food-Bewegung. Je nach Saison finden sich auf der Speisekarte Spargel, Kürbis, Pilze oder Wild vom Jäger. Die gutbürgerlichen Gerichte überraschen mit kreativen Ergänzungen aus Küchen anderer Länder und ungewöhnlichen Kombinationen.

Als saisonale Vorspeise könnte Birne im Speckmantel, Blauschimmelkäse und geröstete Mandeln oder ein warmes Rote-Bete-Carpaccio mit Büffelmozzarella, Nüssen und Honig gewählt werden. Wer eine Suppe vorzieht, könnte zwischen einer Rote-Bete-Orangensuppe mit Croûtons oder einer Kartoffel-Sellerie-Suppe mit gebratenen Pilzen wählen. Vom heimischen Fischer kommt der Fisch für ein Zanderfilet mit Thymian, Rote Bete und Kartoffelstampf oder ein knusprig gebratenes Karpfenfilet mit Lauch, Kapern-Senf-Sauce und Bratkartoffeln. Der Hauptgang könnte auch eine in Rotwein geschmorte Ochsenbacke mit Spitzkohl-Kartoffelpüree und Kümmel oder ein in süßem Schwarzbier gebackener Schaufelbraten vom Havelländer Bio-Apfelschwein mit gebratenen Pilzen und Kartoffel-Sellerie-Stampf sein. Als Dessert wird Mohneis mit Sliwowitz und Himbeer-Cassis-Sauce oder Joghurt-Himbeer-Eis mit heißen Himbeeren und Sahne angeboten.

Mit dieser kreativen, gutbürgerlichen Küche mit überraschenden Geschmackskombinationen ist man bestens gewappnet für einen Wasserspaziergang im Kneippkurort Buckow.

BERGSCHLÖSSCHEN
Hotel und Restaurant
Geschäftsführung und Küchenchefin: Nadine Moore
Königstraße 38 • 15377 Buckow/Märkische Schweiz
Tel.: 033433-57312 • info@bergschloesschen.com • www.bergschloesschen.com

IM SÜDOSTEN

Das Restaurant »Feine Küche« in Schlepzig

HOCH ÜBER DEM MOTZENER SEE

SEEBLICK

19

Wie ein großes Schloss liegt das SeeZeit Hotel mit Wellnessbereich und Restaurant »Seeblick« über dem Motzener See. Unter neuem Namen und neuer Leitung setzt es in der schönen Hanglage die hochwertige Hoteltradition im Süden des Sees fort. Das 4-Sterne-Haus ist nur eine halbe Autostunde von Berlin entfernt und verfügt über 49 individuell, gemütlich eingerichtete Zimmer, welche zum Großteil Seeblick genießen. Tagungs- und Veranstaltungsräume verschiedener Größe stehen für unterschiedliche Anlässe wie Seminare bis zu großen Familienfeiern zur Verfügung. Zur Anlage gehören ein Bootsanleger und eine Badestelle, was nicht verwundert, denn der Motzener See zählt zu den saubersten Seen Brandenburgs. Nur fünf Gehminuten entfernt befindet sich ein Golfplatz. Ein separater Eingang an der Hotelauffahrt bietet einen direkten Zugang zum Restaurant »Seeblick«. Mit blau-weiß gestreiften Polstersesseln wirkt es sommerlich heiter. In der kühleren Jahreszeit lädt ein heller, großzügiger Wintergarten ein. Das Glanzstück, dem das Restaurant »Seeblick« seinen Namen verdankt, ist eine große Sommerterrasse mit Blick über einen Park hinunter zum See. Als Gaststätte ist das Restaurant »Seeblick« auch für Tagesgäste geöffnet. Zwischen den Zeiten, in denen warme Küche angeboten wird, gibt es kleinere Speisen sowie Kaffee und leckeren Kuchen.

Unter der Leitung des Chefkochs Andreas Hentze bietet das Küchenteam eine internationale, feine Küche mit Elementen der

deutschen traditionellen Küche, die mit frischen und regionalen Produkten neu arrangiert wird. Der Fisch kommt frisch vom Fischer und das Wild aus den Wäldern an der Dahme. Das Restaurant »Seeblick« bringt einheimische Produkte mit den Aromen anderer Küchen in geschmackvollen Einklang. Vegetarier können aus einer abwechslungsreichen Karte wählen. Frische Zutaten werden auf der von der Saison inspirierten Speisekarte gerne aufgenommen. So wird in der brandenburgischen Spargelzeit das edle Gemüse in vielerlei Variationen wie z. B. als feines Cremesüppchen oder auch zu anderen Gerichten serviert wie ein Fischgericht vom Zander aus den brandenburgischen Seen mit geschmackvollem grünem Spargel. Bei den Hauptgerichten wird das Fischangebot durch Gerichte von heimischen Produkten wie vom brandenburgischen Weiderind ergänzt oder in der Jagdzeit beispielsweise mit gebratenen Medaillons vom Reh mit pikantem Hokkaido-Kürbisgemüse und Blumenkohlpüree. Zur

Abrundung des Menüs stehen feine Desserts mit überraschenden Geschmackskombinationen auf der Karte.

Es erstaunt immer wieder, welch unterschiedliche landschaftliche Formen und Seengebiete das langsame Zurückgehen des Eiszeitgletschers in Brandenburg hervorgebracht hat. Das SeeZeit Hotel mit dem Restaurant »Seeblick« profitiert in bester Weise davon. Von der Terrasse geht ein wunderbarer Ausblick über den Hotelpark mit Rasen, Sträuchern und hohen Uferbäumen hinunter zum ruhig daliegenden See.

SEEBLICK
SeeZeit Hotel Berlin-Brandenburg und Restaurant
Küchenchef: Andreas Hentze
Töpchiner Straße 4 • 15749 Mittenwalde OT Motzen
Restaurant Tel.: 033769-411 511 • rezeption@seezeit-hotel.de • www.seezeit-hotel.de

AUS DEM KLAREN SEE 20 UND DIREKT VOM LAND
KÖLLNITZER FISCHERSTUBEN

Bereits 1209 wurde die Fischereistelle Köllnitz am Groß Schauener See urkundlich erwähnt. Mit seinen breiten Ufer- und Gelegezonen bildet der Flachwassersee Lebensraum für bestandsbedrohte Pflanzen- und Tierarten wie Orchideen, Fischotter, Beutelmeisen, Rohrdommeln, Eisvögel, Fisch- und Seeadler und viele mehr. Aale, Zander, Hechte und Karpfen sind die häufigsten Fische im See. Um für dieses Gebiet eine nachhaltige Entwicklung zu sichern, pachtete die nach der Wende neu gegründete Fischereigenossenschaft Köllnitz die Seefläche und das Fischereirecht von der Heinz Sielmann Stiftung, die 2001 den See erworben hat und als Naturlandschaft erhält. Seit 2019 befischt die Fischerei Köllnitz GmbH den naturbelassenen See. Auf einem großen Ufergrundstück bilden das Hotel Köllnitzer Hof, die Fischerei Köllnitz, ein Hofladen und das Restaurant »Fischerstuben« gemeinsam das Naturgut Köllnitz, das sich der nachhaltigen Fischerei- und Landwirtschaft und leckeren Gerichten verschrieben hat.

In dem gemütlich eingerichteten Restaurant verweisen Lampen im Stil von Fischreusen auf den traditionellen Schwerpunkt der kulinarischen Ausrichtung. Und dieser hieß bis Frühjahr 2023 heimischer Fisch aus dem Groß Schauener See. Mit einem neuen Gesamtkonzept des Naturguts Köllnitz wurde die schwerpunktmäßige Ausrichtung auf die Köllnitzer Fischerei auch im Restaurant »Köllnitzer Fischerstuben« auf den Grundpfeilern von Nachhaltigkeit, Ganzheitlichkeit und Achtsamkeit

mit einer ökologischen Landwirtschaft und nachhaltiger artgerechten Tierhaltung erweitert. Auf dem Naturgut Köllnitz sorgt seither die Kooperation von Bauer, Fischer und Koch für beste Qualität und Frische auf dem Teller. Durch die kulinarische Neukonzeptionierung der Köllnitzer »Fischerstuben« unter dem Küchenchef Stefan Ziegenhagen entstand das erste Farm-to-Fork-Restaurant der Region. Das Grundkonzept der Ganzheitlichkeit wird in dieser Weise auf kulinarischer Ebene abgebildet. Die verarbeiteten Produkte werden vom Feld, von der Wiese oder aus dem Groß Schauener See direkt als saisonale Gerichte serviert oder in der Räucherei und der Manufaktur zu Spezialitäten verarbeitet. Stefan Ziegenhagen versteht es sowohl den Zander auf den Punkt perfekt zuzubereiten, als auch ungewohnte Geschmacksnuancen von Gemüse freizulegen. Seine langjährigen Erfahrungen in verschiedenen Küchen und als Chefkoch im Berliner Restaurant Neni kommen bei Gerichten wie pochiertes Wiesen-Hühnerei mit Lauchsud, Asche und Nussbutter-Hollandaise oder Creme von fermentiertem Rosenkohl oder anderen Spezialitäten zur Wirkung, die er im Restaurant Köllnitzer »Fischerstuben« mit traditionellen Fischgerichten und regionaler Küche kombiniert. Bei den Desserts wird mit der natureigenen Süße von Gemüse gespielt wie bei hausgemachtem Lorbeer-Eis, Karottenreduktion und süßen Karottenchips.

Verspeist man auf der Terrasse eine geschmorte Backe vom Simmentaler Weiderind vom Hof Buch mit Wurzelgemüse und Röstkartoffeln oder einen vorzüglichen frischen Zander mit Fischteichen, Fließen, Booten und dem See vor Augen, weiß man genau, dass das Rind frisches Gras in der Herde wiederkäute und wo dieser Barsch vor kurzem noch geschwommen ist. Und für den Hunger zwischendurch bietet der Hofladen tagesfrische kleine Fischspezialitäten wie Fischbrötchen, Fischboulette oder Fischsuppe an, die einen kleinen Zwischenstopp lohnenswert machen.

KÖLLNITZER FISCHERSTUBEN
Küchenchef: Stefan Ziegenhagen
Groß Schauener Hauptstraße 31 • 15859 Storkow/Mark
Tel.: 033678-610 84 • restaurant@koellnitz.de • www.koellnitz.de

FEIN ESSEN IM TRAUMHAFTEN SPA-HIDEAWAY
VILLA CONTESSA

21

Hals über Kopf verliebte sich die Berlinerin Marina Runge in die traumhaft schöne Villa, die ein Berliner Jurist 1910 in Bad Saarow mit Blick auf den Scharmützelsee errichten ließ. Nicht umsonst gab Theodor Fontane dem See den Beinamen »Märkisches Meer«, sein Ufer ist seit jeher beliebter Baugrund und auch der größte brandenburgische Seglerverein hat hier seinen Standort. Viel Abwechslung bietet zudem der Kurort Bad Saarow, der nicht nur mit seinem Thermalbad Besucher von nah und fern anzieht. Auch das Wohnhaus des legendären deutschen Boxweltmeisters im Schwergewicht Max Schmeling (1905–2005), der von 1930 bis 1938 hier wohnte, ist ein Anziehungspunkt. Nachdem die russische Armee 1993 den Kurpark verlassen hatte, konnte Marina Runge das Juwel erwerben. Ihr Traum von einem kleinen Hotel war mit der »Villa Contessa« in greifbare Nähe gerückt.

Das mehrfach ausgezeichnete Villa Contessa Resort mit historischer »Villa Contessa« und der 2019 neu erbauten Hotel-Villa »Grand Villa«, die vom Stil, der Ausstattung und den Angeboten der »Villa Contessa« gleicht und das Resort um acht Suiten erweitert, einem großen Grundstück am See und ausgedehntem Spa und Wellnessbereich zählt zu den schönsten Spa-Hideaways in Deutschland. Vom Deutschen Hotel- und Gaststättenverband wurde das Villa Contessa Resort mit dem Prädikat »5 Sterne

Superior« klassifiziert. In der näheren Umgebung warten gleich mehrere Golfplätze auf seine Gäste.

In der Beletage lädt das kleine, aber feine Restaurant »Villa Contessa« mit Bar, Lounge und einer großen Terrasse mit wundervoller Aussicht auf den See ein. Hohe Räume, Stuck an der Decke, Kronleuchter und gepolsterte Sessel geben den intimen Rahmen für einen festlichen Abend. Das Restaurant »Villa Contessa« bietet feine moderne Küche. Die Speisen werden kunstvoll angerichtet und serviert. Viele Zutaten wie erntefrisches Gemüse, Fleisch vom Weiderind und Brot kommen von Bio-Bauernhöfen aus Brandenburg und aus der Nähe von Bad Saarow. Regionale Kochkunst vereint sich mit einer modernen Zubereitungsart.

Die täglich neu zusammengestellte Menükarte bietet frische und saisonale Abwechslung wie französische Freiland-Perlhuhnbrust, gebackene Rillettes, wilder Brokkoli, Tomaten-Ravioli und Gewürz-Jus oder Filet vom Weidekalb mit Petersiliencreme und Baby-Rote-Bete oder Kalbsragout mit Belper Knolle. Für Fischliebhaber wird Filet vom Fjord-Lachs mit wildem Brokkoli, Taggiasca-Oliven, Basilikumsamen und Tomaten-Ravioli angeboten.

Zum Dessert dunkle Schokolade, geschichtet mit Kaffee-Creme und Schokoladensorbet, oder geeiste Petit Fours als Selektion von feinsten Pralinés mit Macarons. Für die feine Auswahl von Bad Saarower Bio-Käse werden Käsesorten vom nahe gelegenen »Hof Marienhöhe« kombiniert.

Feines Essen, edle Weine, Erholung und Wellness im familiär geführten Spitzenhotel mit Spa und Fine Dining Restaurant – einer Contessa würdig!

VILLA CONTESSA
Hotel und Restaurant
Geschäftsführung: Marina Runge
Seestraße 18 • 15526 Bad Saarow
Tel.: 033631-580 18 • info@villa-contessa.de • www.villa-contessa.de

SCHÖNE WEINE UND FEINE KÜCHE

AS AM SEE

22

Zwischen dem repräsentativen Bahnhofsgebäude von Bad Saarow und dem Kurpark lädt in einer Villa das Restaurant »AS am See« zum Verweilen ein. Die Vinothek mit Bistro und Restaurant liegt nur einen Steinwurf von der Saarow Therme entfernt an der ruhigen, fußgängerfreundlichen Seestraße. Bad Saarow am Scharmützelsee ist immer einen Ausflug wert, sei es für Segler, Golfsportler, Ruhesuchende oder Besucher des umfangreichen Entspannungsangebotes. Die kleine Ortschaft am zweitgrößten natürlichen See Brandenburgs entwickelte sich in den 1920er Jahren zum beliebten Erholungsort für Berliner Filmgrößen, heute geben sich Filmschaffende ein Stelldichein beim jährlich stattfinden Filmfestival in Bad Saarow.

Nachdem sich Andreas Staack als Koch und Restaurantleiter z. B. im »Noi Quattro« in Berlin große Anerkennung erworben hatte, kam er 2014 in den Kurort Bad Saarow und etablierte in den Räumen eines vorherigen Bistros und Feinkostladens abermals ein Bistro, doch dieses Mal mit Vinothek und Restaurant. Er gab ihm den Namen »AS am See« nach den Anfangsbuchstaben seines Vor- und Nachnamens. Hier verwirklicht er seine Idee einer modernen saisonalen Küche, die spontan, überraschend und exquisit ist. Bewusst unkapriziös gehalten lädt die ansprechende Einrichtung den Gast dazu ein, sein Augenmerk ganz auf die feinen Gerichte zu lenken. Der gebürtige Hamburger Andreas Staack ist ein Gastwirt im besten Sinne, der nicht nur in der Küche steht, sondern seinen Gästen die Angebote empfiehlt

und sie berät. Mit erlesenen Zutaten kombiniert er ungewöhnliche Gerichte und stellt sie zu überraschenden Menüs zusammen mit passender Empfehlung der Weine zu den einzelnen Gerichten.

Bei jedem Menü sind die Gänge und ihr kulinarisches Zusammenspiel das Ergebnis aus den Zutaten, die ihm tagesfrisch angeboten werden. Jeder Menüvorschlag wird zum Original. Eines der Menüs von Andreas Staack startet mit Couscous, Riesengarnele, Kokos und Kresse, gefolgt von gegrillter Wassermelone, Ziegenkäse, Minze und Landschinken. Im Anschluss wird Seezunge serviert mit wildem Blumenkohl und Currysahne. Anschließend gibt es einen Fleischgang mit Kalbsfilet, Pfifferlingen, Gänseleber und Blaubeeressig-Jus und als Abschluss ein Latte-Macchiato-Mus mit Kirsche und Cassissorbet. Ein anderes Menü beginnt mit Wachtelbrust, Süßkartoffel, Mohnwaffel und Kumquats, danach Blumenkohlschaum, geräucherte Forelle mit

Purple Curry, gefolgt von einem Fischgang mit Kabeljaurücken, Safran-Muschelcreme und Spinatsalat. Ebenso verlockend sind Büffelbäckchen mit Schwarzwurzel und Kräuterseitlingen. Zum Dessert werden Passionsfruchttörtchen, Mango, Kokos und Pina-Colada-Sorbet angeboten.

In der Gelassenheit eines Kurortes am See kocht Andreas Staack in seinem Bistro-Restaurant eine feine Küche voller Überraschungen. Im renommierten Bad Saarow ergänzt ein Besuch im »AS am See« auf allerbeste Weise das in einem Kurbad erstrebte Wohlergehen von Körper und Seele.

AS AM SEE

Vinothek, Bistro, Restaurant
Inhaber und Küchenchef: Andreas Staack
Seestraße 9 • 15526 Bad Saarow
Tel.: 033631-599 244 • info@asamsee.de
www.asamsee.de

IM ROMANTISCHEN TAL DER ALTEN SCHLAUBE

23
KAISERMÜHLE

Am Ende der schmalen Straße durch den Wald grüßen auf einer Lichtung die Häuser des Müllroser Ortsteils Kaisermühl. Müllrose ist ein anerkannter Erholungsort und blickt auf eine Geschichte zurück, die bis ins 13. Jahrhundert zurückreicht. Gesichert ist jedoch, dass der Name auf keine nahgelegene Mülldeponie verweist, wie man vermuten könnte. Ganz im Gegenteil, inmitten des wunderschönen Naturparks Schlaubetal gelegen, lassen sich von hier aus abwechslungsreiche Ausflüge unternehmen und Müllrose lädt ganzjährig mit einem bunten Musikprogramm ein, das sich ebenso wie ein Ausflug in die Natur mit einem guten Essen abschließen lässt.

Als leuchtend gelbes Fachwerkhaus fällt die ehemalige Kaisermühle auf. Schon ab 1275 stand hier eine Wassermühle im Tal der Alten Schlaube. Leider ist das Mühlrad schon vor längerer Zeit abgebaut worden. Im Aussehen entspricht das Hotel »Kaisermühle« der Mühle von 1680. Bei der Umgestaltung zu einem Hotel mit Restaurant wurde darauf geachtet, dass jedes der Gästezimmer durch eine individuelle Einrichtung einen eigenen Charakter erhält. Auf der Rückseite der Mühle breitet sich eine großzügige Terrasse im Grünen aus. In einem kleinen Garten wachsen Kräuter und Gemüse. Die Einrichtung des Gastraums mit alten Deckenbalken, einer umlaufenden Sitzbank und einfachen Holztischen erinnert an die Vergangenheit einer

Mühle. Hier könnten durchaus der Müller und seine Gesellen zu Abend gegessen haben.

Für ein saisonales und regionales Angebot mit Qualität hält die Inhaberin Constanze Mikeska die Speisekarte bewusst übersichtlich, dafür aber umso fantasiereicher. Zum Beispiel bietet sie passend zur Erdbeerzeit als Vorspeise eine Erdbeer-Gazpacho mit gebratenen Garnelen an, zu anderer Jahreszeit eine Grüne Gazpacho mit gerösteten Salznüssen, als Hauptspeise für Fischliebhaber Filet vom Rauchmatjes mit Tomaten-Melonen-Salat und Pumpernickel-Kartoffeln. Das Fischfilet aus Weidners Tagesfang bietet selbst für die Küche eine kleine Überraschung, denn was Fischer Weidner am Olsener See ins Netz geht, kann nicht vorhergesagt werden. Das Filet wird nach Landart serviert mit Spreewälder Schmorgurken und Speckkartoffeln. Für diejenigen, die Fleisch möchten, gibt es ein Rumpsteak vom Neuzeller Weiderind mit Pesto vom grünen Spargel, dazu Wildblattsalat und Senfsaat-Bratkartoffeln. Geflügelliebhaber können auch mal eine gebratene Maishähnchenbrust auf der Karte entdecken, gefüllt mit Heidelbeeren und Hüttenkäse, dazu eine Dijon-Sauce und als Pasta italienische Pappardelle. Als Dessert wird Panna cotta serviert, dazu saisonal »mit dem, was wächst – sanft geschmortes Gartenobst« und gebackenen Kuchenstreuseln.

Im Tal der Alten Schlaube hat Constanze Mikeska ein kleines Idyll erschaffen, das einen Besuch in jeder Hinsicht lohnt. Mit frischen regionalen Speisen und einem großen Verständnis, dass der Gast in der Kaisermühle nicht König, sondern Kaiser ist.

KAISERMÜHLE
Hotel und Restaurant
Inhaberin und Küchenchefin: Constanze Mikeska
Forststraße 13 • 15299 Müllrose OT Kaisermühl
Tel.: 033606-880 • info@hotel-kaisermuehle.de • www.hotel-kaisermuehle.de

GASTFREUNDLICHER PLATZ AN DER ODER

24

BOLLWERK 4 IM DEUTSCHEN HAUS

Eisenhüttenstadt, zu dem Fürstenberg/Oder heute gehört, wurde 1950 von der DDR als Planstadt gegründet und nach der Idee einer sozialistischen Industriestadt erbaut. Mit der neuen Stadt wurde für die Arbeiter des damaligen Eisenhüttenkombinats Ost der notwendige Wohnraum geschaffen. Noch immer wird in Eisenhüttenstadt Eisen und Stahl gewonnen. Der Ortsteil Fürstenberg/Oder dagegen blickt auf eine Geschichte bis ins 13. Jahrhundert zurück. Ihren Altstadtkern mit der weit sichtbaren Nikolaikirche konnte die bis 1961 selbstständige Gemeinde weitgehend erhalten. Eine Brücke über die Oder, der Bau der Eisenbahn und Häfen für die Flussschifffahrt bescherten Fürstenberg ab Mitte des 19. Jahrhunderts eine Blütezeit, die jedoch von den Folgen des Zweiten Weltkriegs jäh beendet wurde.

Der Eisenhüttenstädter Steffen Krüger, Gastwirt des Restaurants »Bollwerk 4 im Deutschen Haus«, wollte als junger Mann etwas von der Welt sehen und landete als Steward auf dem Kreuzfahrtschiff »MS Arkona« der DDR. Nach rund zehn Jahren verließ er die Seefahrt, kehrte zurück an Land und eröffnete mit seiner Frau Vicki in Fürstenberg am Oder-Spree-Kanal das Restaurant »Bollwerk 4«. Als dieses zu klein wurde, wechselten sie 2009 an den Lindenplatz ins 1905 erbaute »Deutsche Haus«. Den Namen »Bollwerk 4« nahmen sie mit.

Der Zufall wollte es, dass die Urgroßeltern von Steffen Krüger von 1905 bis 1920 die ersten Betreiber des damaligen Hotels »Deutsches Haus« waren. Als ob es aus dieser Zeit erhalten

geblieben wäre, vermittelt das Restaurant mit Holzfußboden, dunklen Stühlen und Tischen den Eindruck einer Gaststube, in der man sich sofort wohl- und aufgehoben fühlt, was bestimmt nicht zuletzt der langen familiären Tradition des Hauses zu verdanken ist.

Die Küche von Steffen Krüger und seinem Küchenteam ist gutbürgerlich mit überraschenden saisonalen Kombinationen und Einflüssen aus anderen Ländern. Beim Angebot der Sommerkarte können ein Carpaccio vom Rinderfilet, gehobelter Trüffel, Pecorino und Rucola oder Bollwerks Fischsuppe nach Art einer feurigen Soljanka gewählt werden. Als Hauptgericht Medaillons vom Jungschweinfilet, Rahmpilze und Kartoffelkroketten oder als Fischgang ein gebratenes Welsfilet, Schmorgurken mit Speckwürfeln und gestampfte Kartoffeln. Als außergewöhnliche Spezialität steht auf der Karte eine Roulade vom Pferd, mit frischem Rotkohl und dazu Kartoffelklöße. Bei den

Desserts könnten veganes Orangensorbet mit sommerlichem Beerensalat oder hausgemachtes Buttermilcheis, Johannisbeere-Mousse und Schokolade gewählt werden.

Mit dem Restaurant »Bollwerk 4« ist durch das Gastwirtsehepaar Vicki und Steffen Krüger und ihrem Küchenteam eine mit der Region verbundene, moderne und gehobene gutbürgerliche Küche in das »Deutsche Haus« in Fürstenberg/Oder ein- und in gewisser Weise zurückgekehrt.

BOLLWERK 4 IM DEUTSCHEN HAUS
Inhaber: Steffen Krüger
Küchenchef: Jan Hengster
Lindenplatz 1 • 15890 Eisenhüttenstadt OT Fürstenberg/Oder
Tel.: 03364-740 264 • bollwerk4@web.de • www.bollwerk4.de

FRISCHER WIND AM WILDEN HERD
WILDE KLOSTERKÜCHE

25

Wie im barocken Süddeutschland wähnt man sich in der von skulpturalem Schmuck, dekorativem Stuck, Wand- und Deckenmalereien geradezu überquellenden Klosterkirche des Zisterzienserklosters von Neuzelle, der katholischen Stiftskirche St. Marien. Als die Reformation um 1560 das Neuzeller Stiftsgebiet erreichte, war die Markgrafschaft Niederlausitz noch ein Nebenland des Königsreichs Böhmen und stand nicht unter der Herrschaft der brandenburgischen Hohenzollern. So blieb das Kloster Neuzelle unreformiert und das Bundesland Brandenburg kann heute auf ein katholisches Barockwunder stolz sein. Seit 2018 beleben wieder eine Handvoll Mönche das Kloster mit ihrem Klosteralltag.

Das an einen Hang gebaute Klosterhotel in der Bahnhofstraße verwandelte vor wenigen Jahren eine junge Generation in ein empfehlenswertes Boutique-Hotel. Von der Designerin Anne Hensel und ihrem Team wurde jedes der 15 Zimmer liebevoll in einem anderen Stil gestaltet. Im Erdgeschoss richtete sie 2018 das moderne Restaurant »Wilde Klosterküche« ein, das sämtliche Aspekte einer zeitgemäßen nachhaltigen Küche erfüllt und ein besonderes Augenmerk auf die lokale Herkunft und effiziente Verwertung von Lebensmitteln legt. Eine junge Küchencrew um Chefkoch Manuel Bunke zaubert geschmackvolle Kunstwerke auf den Tisch. Wörtlich genommen wird der Anspruch, eine regionale und saisonale Küche zu bieten. »Unsere Zulieferer sind alle aus einem Umkreis von 50 Kilometern«,

sagt Manuel Bunke. »Gemüse und Kräuter bauen wir selbst in unserem Garten an oder lassen sie von Erzeugern anbauen. Auch vom Klostergarten werden wir beliefert. Wir verarbeiten alles selbst und stellen daraus alles Mögliche her.« Ob Marmelade oder Ziegenkäse – alles entsteht und reift in der »Wilden Klosterküche«. Zur Idee der neuen, feinen und nachhaltigen Küche gehört, dass Manuel Bunke vom Bauern, den er seit langem kennt und der Weidetiere hält, gleich ein halbes geschlachtetes Kalb erwirbt und dieses selbst zerlegt. So kann er alles verwerten und eigene Kreationen entwickeln. Manuel Bunke geht selbst in den Garten oder zum Erzeuger, um Gemüse, Beeren oder Kräuter für seine innovative Küche auszusuchen.

Das Restaurant »Wilde Klosterküche« bietet ein wechselndes Tagesmenü à la carte aus drei Gängen an. Die Gäste können sich aus den Empfehlungen der Küche ihr Menü selbst zusammenstellen. Für jeden Gang werden um die vier Gerichte vorgeschlagen. Die Karte nennt nur die Hauptzutaten, für die Magie der Verfeinerung wird den Zauberern in der Küche vertraut. Liest man die einzelnen Gerichte im Stil von Stichworten, hören sie sich unscheinbar an, doch sie werden so fein zubereitet, dass neue Geschmackserlebnisse entstehen. Unter »Vorneweg« werden Vorspeisen genannt wie beispielsweise Topinambur und

Haselnuss oder Bete und Sellerie. Für »Mittendrin« könnte vorgeschlagen werden Rind und Brokkoli oder vegetarisch Kürbis und Birne. Was sich wie das Stakkato eines rappenden Kochs anhört, setzt sich bei der Dessertkarte »Tschüssi« fort mit Leinsamen und Quitte oder Frische Waffel und Vanille. Für Unentschlossene wird ein 3-Gang-Tagesmenü nach Wahl der Küche mit Brot und Butter vorgeschlagen.

Irgendwie scheint die Idee der nachhaltigen, saisonalen und regionalen Küche in der »Wilden Klosterküche« mit dem damaligen Speiseplan der Mönche in Kloster Neuzelle in Beziehung zu stehen. Sie ernährten sich von dem, was Jäger, Schäfer, Bauern, Zeidler, Felder, Wälder, Seen und Flüsse den Jahreszeiten gemäß anboten. Und sie machten das Beste daraus – genauso wie Manuel Bunke und sein Küchenteam im Restaurant »Wilde Klosterküche«.

WILDE KLOSTERKÜCHE
Hotel und Restaurant
Küchenchef: Manuel Bunke
Bahnhofstraße 18 • 15898 Neuzelle
Tel.: 033652-823 991 • reservierung@wildeklosterkueche.de • www.wildeklosterkueche.de

AM GRÜNEN STRAND DER SPREE   26
FEINE KÜCHE

Im unteren Spreewald liegt an der Spree das Dorf Schlepzig. Es ist eines der ältesten Spreewalddörfer. Die wendische Siedlung Slopišća wurde bereits 1004 in einer Schenkungsurkunde erwähnt. Bei Schlepzig lädt der Spreewald mit einer naturbelassenen Wald- und Wasserlandschaft zu Spaziergängen, Radtouren, Kanupaddeln oder Kahnfahrten auf den Fließen und schmalen Kanälen ein.

Eine weitere Erholungsmöglichkeit bietet das Spreewaldresort. An seiner exponierten Lage, wo die Quaasspree von der Hauptspree abzweigt, standen in der Vergangenheit ein Eisenhammer, eine Mühle und ein Gasthof mit Brenn-, Brau- und Schankrecht. Über 200 Jahre wurde er von derselben Familie geführt. Noch vor der Wende ging er an die Treuhand über. Im Oktober 1991 erwarb die Familie Römer das Anwesen, das modernisiert und zu einem großen Hotel mit Tagungsgebäude erweitert wurde. Es eröffnete der Landgasthof »Zum grünen Strand der Spree« und 1998 entstand die zum Spreewaldresort Seinerzeit gehörende »Spreewälder Privatbrauerei 1788« mit Brauereigaststätte, die über den Tag gutbürgerliche Küche für den kleinen und großen Hunger mit frisch gebrautem Bier anbietet.

Die heutigen Besitzer erwarben 2012 Hotel, Landgasthof sowie die Brauerei und entwickelten das Spreewaldresort Seinerzeit mit dem gehobenen Abendrestaurant »Feine Küche«. Ein holzgetäfelter Gastraum im gepflegten Landhausstil und ein Speisesaal mit Polstersesseln erwarten die Gäste. Auf der großen

Terrasse im ruhigen Hinterhof spenden große Kastanienbäume Schatten. Das Restaurant »Feine Küche« bietet Spreewälder Küche sowie Fisch- und saisonale Spezialitäten an. Zum Beispiel als Vorspeise feiner Blatt- und Wildkräutersalat mit Tomate, Gurke, Paprika, karamellisierten Nüssen, Croûtons, Balsamico-Dressing und gebratenen Streifen vom Weiderind oder eine Bouillabaisse »Seinerzeit« mit Zander, Wolfsbarsch, Pulpo, Garnele, Fenchel und Paprika. Der Hauptgang könnte ein gebratenes Zanderfilet sein mit Spreewälder Rahmsauerkraut, geschmolzenen Tomaten, Kapernbeeren und Dillkartoffeln oder eine rosa gebratene Kalbsleber mit Kartoffelstampf, Majoran-Zwiebeln, karamellisierten Apfelscheiben und Portweinsauce. Auch Deftiges aus dem Spreewald steht auf der Karte wie Spreewälder Grützwurst, sorbisches Kraut, Bauer Lindemann's Ackerknolle oder Würzpaste. Vegetarische oder vegane Angebote wie Avocado in Kokos gebacken, Sonnenblumenkernhack-Tomaten-Sugo, veganer

Feta und Basilikumöl werden ebenfalls angeboten. Zum Dessert wird ein warmes Schokoladenküchlein mit Himbeersorbet und Passionsfrucht-Mango-Sauce gereicht.

Mit dem Brauhaus und dem Restaurant »Feine Küche« bietet das Spreewaldresort Seinerzeit ein breites Spektrum von gehobener Landhaus- bis zur Feinschmeckerküche. Das Resort, die Brauerei, die Restaurants, Sommerterrasse und Garten am Ufer bilden gemeinsam schon einen eigenen Erholungsort mitten im wendischen Dorf Schlepzig.

FEINE KÜCHE
SPREEWALDRESORT Seinerzeit
Dorfstraße 53 • 15910 Schlepzig
Tel.: 035472-66 20 • info@seinerzeit.de • www.seinerzeit.de

IM SAAL DES GRÄFLICHEN SCHLOSSES
LINARI

27

In Lübbenau im Spreewald steht ein architektonisch außergewöhnliches Schloss, denn sein Grundriss ist als großes V angelegt. Wo in der Mitte die beiden Seitenflügel zusammenstoßen, empfängt den Gast ein säulengeschmückter Portikus. Über ihm prunkt das Familienwappen der Grafen zu Lynar, deren Stammsitz das Schloss ist. Zwei Türme an der Rückseite wurden 1839 angebaut, nachdem das frühere Renaissanceschloss bereits klassizistisch umgestaltet worden war.

Das Schloss hat eine wechselvolle Geschichte. Als die Grafenfamilie den Wohnsitz auf ihr Schloss in der nahe gelegenen Ortschaft Seese verlegt hatten, wurde im Schloss Lübbenau 1932 ein Museum eröffnet. Die Ortschaft Seese wurde inzwischen vom Kohletagebau vertilgt. Mit Ausbruch des Zweiten Weltkriegs wurde das Gebäude vom Militär genutzt. Der Offizier Wilhelm Graf zu Lynar gehörte der Verschwörergruppe an, die das Attentat auf Hitler am 20. Juli 1944 plante. Er wurde von den nationalsozialistischen Machthabern hingerichtet. Der Besitz der Familie, darunter das Schloss Lübbenau, wurde enteignet. Die DDR nutzte das Gebäude als Landambulatorium, als dieses geschlossen wurde, schlug der Bürgermeister vor, das Schloss zu sprengen und einen Rodelberg anzulegen, womit er sich glücklicherweise nicht durchsetzen konnte. Einige Wirtschaftsgebäude wurden abgerissen, andere baulich verändert. Im Schlosspark legte man Kleingärten an und ein Campingplatz wurde eröffnet. Nach einer Renovierung noch in der DDR zog in das Schloss ein

Schulungszentrum ein. Nach der Wiedervereinigung erhielt die Familie zu Lynar das Anwesen zurück. Mit viel Aufwand und Liebe zum Detail renovierten die Grafen zu Lynar den Familiensitz und richteten im Schloss Lübbenau und in den zum Schlossensemble gehörenden Gebäuden ein Vier-Sterne-Hotel ein – und das feine Restaurant »Linari«.

Mit seiner edlen Einrichtung in hohen Räumen zeigt das »Linari« in jedem Moment, dass es ein echtes Schlossrestaurant ist. Die Familie zu Lynar dokumentierte mit der Renovierung des Schlosses ihre Verbundenheit mit dem UNESCO-Biosphärenreservat Spreewald und in gleicher Weise zeigt sich die Eingebundenheit des Restaurants in die Niederlausitz an seiner regional ausgerichteten, feinen Küche. Es gibt eine Nachmittagskarte für die Sommerterrasse und die Lounge in der Hotelbar. Die Abendkarte wird im Restaurant, im Separée und auf der Schlossterrasse im Park angeboten. Es gibt Gerichte, die sich immer auf der Karte finden, wie das panierte Schnitzel Linari vom Kalbsrücken. Seine regionale Spreewaldnote erhält es mit Kräuterquark vom Ökogut Ogrosen, Kanower Leinöl, Lauchzwiebel, Spreewaldgurken, Tomate und Kartoffeln. Nach dem Motto des Küchenmeisters

»Unsere Speisekarte schreibt die Natur« wechselt die Karte. In einer Stadt, deren Wappentier ein Fisch ziert, können auf der Speisekarte Fischgerichte erwartet werden und so wird ein gebackenes Zanderfilet angeboten mit Flusskrebs-Estragon-Sauce, Sommergemüse, Pilzen und Kartoffelpüree. Das Fleisch für den Wildbraten stammt aus eigener Jagd und wird serviert mit Rosmarinsauce, Rahmwirsing, Kürbis-Kartoffelstampf, allerlei Pilzen und Preiselbeeren. Zum Dessert kann eine Berliner Weiße-Waldmeistercreme mit Erdbeersalat gewählt werden oder Quarkknödel mit Nougatkern, Sauerkirschen und Zimtparfait. Als vegetarische oder vegane Gerichte bietet die Karte zum Beispiel ein Cornflakes-Schnitzel mit Soja-Hackbällchen, dazu warmen Kirschtomatensalat, Gartenbohnen und Thymiankartoffeln.

Mitten im quirligen Lübbenau mit seinen Kanälen und seinem Hafen bietet das Schloss Lübbenau eine gute Gelegenheit zum Ausspannen und Genießen.

LINARI
Schloss Lübbenau im Spreewald, Hotel und Restaurant
Restaurantleiter: Manuel Ternow • Küchenmeister: Dirk Lehmann
Schlossbezirk 6 • 03222 Lübbenau/Spreewald
Tel.: 03542-87 30 • info@schloss-luebbenau.de • www.schloss-luebbenau.de

GUT ESSEN AM SPREEWALDFLIESS
SPEISENKAMMER

28

Bis die Waldschlösschenstraße in Burg-Kauper im Spreewald gebaut wurde, dürften die verstreuten Gehöfte nur mit dem Boot über Fließe erreichbar gewesen sein. Heute reihen sich an der langen Stichstraße Bauernhöfe, Hotels, Pensionen, Restaurants, Bootsverleihe oder Kahnhäfen. Nach etwa Zweidrittel zweigt rechtwinklig ein Weg ab. Eine kleine Holzbrücke überquert ein Fließ. Auf grünem Rasen stehen die weinrot verputzten Häuser mit ziegelgedeckten Giebeldächern des Ferienhofes »Spreewaldromantik«. Es fällt ein schmales Gebäude auf, das wie eine umgebaute Scheune wirkt – das Restaurant »Speisenkammer«. An dem einen Ende ist die Küche untergebracht und am anderen der Gastraum. Große Türen öffnen sich zur Gartenterrasse, die bis zu einem Bootssteg an einem Fließ reicht. Das Restaurant und die Terrasse sind einfach und gemütlich eingerichtet. Bei der Wiese stehen eine Schwengelpumpe und ein gemauertes Backhaus.

Nach Wanderjahren durch verschiedene Küchen in Österreich, Italien, der Schweiz und Berlin kehrte der Koch Marco Giedow in seine »Heimat, den Spreewald« zurück. Im Restaurant »Speisenkammer« lässt Marco Giedow, der im Finsterwalder Restaurant »Goldener Hahn« gelernt hat, die Inspiration vieler Kulturen, Menschen und Küchenstile in seine moderne Spreewaldküche einfließen. Dafür bietet der Spreewald viele regionale Zutaten, die marktfrisch verwendet werden. Methoden, welche die Menschen im Spreewald früher anwandten, um Lebensmit-

tel haltbar zu machen wie Räuchern, Einwecken, Salzen und Säuern werden kombiniert mit einer modernen Küche.

Um den Anspruch einer regionalen, saisonalen und nachhaltigen Küche bieten zu können, wird nur ein Menü serviert. Zum Start gibt es eine Auswahl an kleinen Leckereien auf Löffeln, in Gläschen und als Spießchen in der Mitte des Tisches für alle. Nachdem die Geschmackssinne aktiviert wurden, geht es mit der Vorspeise weiter wie z. B. Thunfisch mit Koriander mariniert, Schnellgurken, Kohlrabisalat und Nordseekrabben. Als Hauptgang Rib Eye von der deutschen Färse, Sommergemüse, BBQsauce und Kartoffelstampf. Als Dessert eine Schnitte vom Frischkäse, Cassissorbet, Gartenbeeren und weiße Schokolade oder Käse von dem bekannten Käsefeinkosthandel Fritz Blomeyer. Ein anderes Menü könnte lauten Kleine Leckereien zum Teilen auf dem Tisch, danach Heilbutt roh mariniert, Wassermelone, Avocado und Schafskäse. Als Hauptgang Rinderfilet dry aged mit Pfifferlingen, grünem Spargel und Zucchini und als Dessert im Sommer Omas Johannisbeeren als Sorbet, Kakaobrösel, Basilikum und Eischnee oder Käse von Fritz Blomeyer.

Küchenchef Marco Giedow weiß im Restaurant »Speisenkammer« regionale und ausgewählte weitere Zutaten zu einer modernen Spreewaldküche zu verbinden. Früher kamen Kolonisten aus anderen Ländern in den Spreewald, um ihn zu kultivieren. Eine neue feine Spreewälder Kochkultur ist im Restaurant »Speisenkammer« zu erleben.

SPEISENKAMMER
Inhaber und Küchenchef: Marco Giedow
Waldschlösschenstraße 48 • 03096 Burg/Spreewald GT Burg-Kauper
Tel.: 035603-750 087 • speisenkammer@mail.de • www.speisenkammer-burg.de

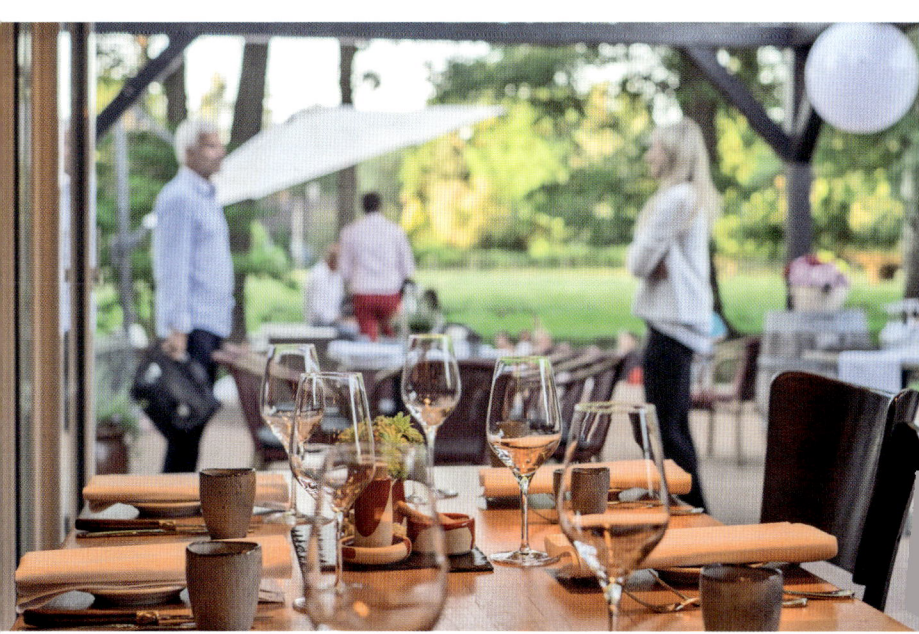

WO SCHON DIE KOLONISTEN EINKEHRTEN

29

KOLONIESCHÄNKE

Im verästelten Binnendelta der Spree siedelte bereits der Vater von Friedrich dem Großen ausgediente Soldaten und ihre Familien an. Von hochwassersicheren Anhöhen aus, den Kaupen, machten sie im Spreewald das Land fruchtbar und bestellten ihre Felder. König Friedrich II. setzte die Kolonisation fort. Da in dem moorigen und von Überschwemmungen heimgesuchten Binnenflussdelta nur Kaupen für den Bau einer Bauernkate geeignet waren, entwickelte sich Burg als ausgedehnte Streusiedlung. Als Wegenetz wurden hauptsächlich natürliche Fließe und künstlich angelegte Kanäle genutzt, deren Gesamtlänge rund 970 Kilometer beträgt. Der Ortsteilname »Burg-Kauper«, gegründet 1725, zeugt von der Besiedlung der Kaupen. Auf den Inseln des anderen Ortsteils mit dem Namen »Burg-Kolonie« siedelten 1766 die ersten Kolonisten. Sie kamen aus Sachsen, Böhmen, Schlesien und Österreich. Es ist naheliegend, dass irgendwann in einem Bauernhof eine Gaststätte entstand. Dies wird beim Gasthaus »Kolonieschänke« so gewesen sein, das seit dem 19. Jahrhundert Gäste bewirtet. Das Haus mit dem Restaurant wurde um 1900 errichtet. In der DDR bewirtschaftete eine LPG den großen Vierseithof, der zur »Kolonieschänke« gehört. Nach der Wende gab es mehrere Wechsel, bevor Hotelier und Gastronom Olaf Schöpe aus Cottbus die Kolonieschänke erwarb und seit 2015 das Hotel stetig umbaut und um Besonderheiten erweitert.

Im alten Gasthof knarren leise die breiten Dielen. Eine Holzwendeltreppe führt hinauf in den ersten Stock, wo sich in den alten Kammern modernisierte Gästezimmer befinden. Der Gastraum ist im Stil eines Landgasthofes eingerichtet. Im Sommer wird der große Hinterhof bewirtschaftet. Um einen Teich mit sprudelnden Felsenbrunnen reihen sich Stühle und Tische. In den verschiedenen Gebäuden des Hofes sind moderne Hotelzimmer, mehrere davon mit Sauna, untergebracht. Unter einem mächtigen Baum können sich Paare trauen lassen und auf einer großen Wiese ihren Freudentag begehen. Das Bio-Hotel »Kolonieschänke« ist das erste und bisher einzige zertifizierte Bio-Hotel im Spreewald. Es hat den Anspruch, einen klimarelevanten Fußabdruck in seiner Umgebung zu hinterlassen. Die Bio-Küche kooperiert mit Bauern aus der Region. Je nach Saison wird à la carte serviert oder ein reichhaltiges Büffet mit der Idee eines Drei-Gänge-Menüs aufgebaut.

Als Vorspeisen stehen ein Salatbuffet, herzhafte Snacks wie Rote Bete mit Ziegenkäse oder geräucherte Forelle mit feiner

Meerrettichsahne zur Auswahl. Als Suppe eine Ukrainische Wurstsoljanka. Die Hauptgänge können Kalbsteaks vom Weiderind sein in Meerrettichsauce mit Semmelknödeln und buntem Knollengemüse oder ein Filet vom Roten Wels, Rahmsauerkraut und Kartoffelecken. Als vegetarischer Gang ein Ogrosener Rohmilchquark, Kartoffeln und Burger Leinöl oder ein veganes Blumenkohlcurry mit Amaranth und Frühlingslauch. Zum Dessert wird Apfelcrumble oder Mousse au Chocolat im Glas angeboten. Wer möchte, kann sich aus verschiedenen Käsesorten eine reichhaltige Auswahl zusammenstellen.

Die Nachfahren der Kolonisten sind längst Einheimische und kommen gerne in die »Kolonieschänke«, in der vielleicht schon ihre Vorfahren eingekehrt sind. Viele der heutigen Gäste sind allerdings moderne Kurzzeit-Kolonisten, die im Hotel Ruhe und im Restaurant gutes Essen aus nachhaltigem Anbau finden.

KOLONIESCHÄNKE

Bio-Hotel Kolonieschänke und Restaurant
Inhaber: Olaf Schöpe
Ringchaussee 136 • 03096 Burg/Spreewald GT Burg-Kolonie
Tel.: 035603-68 50 • info@kolonieschaenke.de • www.kolonieschaenke.de

AUF DEN SPUREN DES FÜRSTEN PÜCKLER

30

CAVALIERHAUS

Der Park von Schloss Branitz bei Cottbus wird als das Meisterwerk von Hermann Fürst von Pückler-Muskau (1785–1871) angesehen. Der wissensdurstige Weitgereiste, Bestsellerautor, gesellschaftlich Parkettsichere, Namensgeber einer Eissorte sowie Landschafts- und Parkgestalter wählte den Familiensitz Schloss Branitz als Alterssitz. Um das Schloss legte er einen Pleasureground und den berühmten Branitzer Park mit den zwei Pyramiden an. In der einen Pyramide, mitten in einem künstlichen See, wurde Fürst Pückler bestattet.

Nach dem Zweiten Weltkrieg wurde die Familie von Pückler enteignet. Die DDR wandelte Schloss Branitz zum Volkseigentum um und nutzte es als Museum, was noch heute so ist. Im Cavalierhaus des Schlosses, einem länglichen Gebäude im Tudorstil, wohnte früher der Hofstaat. Nach umfänglicher Renovierung sind im Cavalierhaus seit 2020 eine kleine Pension und Gastronomie untergebracht. Das Tagesrestaurant trägt den Namen »Cavalierhaus«, am Abend öffnet dort das Feinschmecker-Restaurant »Lou«. Wie durch Zauberhand verwandelt sich durch bloße Änderung des Namens abends ab sechs Uhr derselbe Gastraum mit den zwei überbreiten goldfarbenen Ohrensesseln von einem Tages- zu einem Abendrestaurant.

Im Cavalierhaus gestaltet Küchenchef Tim Sillack die Speisekarten. Nachdem er als Koch mehrere Kontinente bereiste und in bekannten Küchen erfolgreich war, kehrte der Cottbuser zurück in die Heimatstadt und wagte sich an das Cavalierhaus im

Branitzer Park. Inspiriert von Pücklers Tafelbüchern bieten Tim Sillack und sein Team moderne saisonale Kochkunst. Mit regionalen Experten wie Fleischern, Jägern, Bauern und Konditoreien wurden Kooperationen eingegangen. Zudem ist der Küchenchef Verfasser eines Fürst-Pückler-Kochbuchs mit neu interpretierten Rezepten aus Fürst Pücklers Zeit auf Schloss Branitz.

Auf der Karte des Tagesrestaurants »Cavalierhaus« finden sich Lausitzer Klassiker wie Kartoffeln, Quark und Straupitzer Leinöl oder Würzfleisch vom Kalb, Worcestersauce und Weißbrot. Wer Fisch mag, findet Matjes mit Bratkartoffeln und Cavalierhausremoulade. Als eines der Desserts wird selbstverständlich Fürst-Pückler-Eis nach Art des Hauses bestehend aus Erdbeer-, Schokoladen- und Vanilleeis geschichtet mit Sahne angeboten.

Das Feinschmecker-Restaurant »Lou«, benannt nach dem Spitznamen des Fürsten, bietet feine und ausgefallene Gänge, die einzeln oder als Menü mit Weinbegleitung vorgeschlagen werden. Als Vorspeise wird beispielsweise Cavalierhaustatar mit Osietra Kaviar, pochiertes Wachtelei und Senfgurken-Gel angeboten, als Zwischengang Froschschenkel, Mangold, Kartoffel und Nussbutterschaum und als Hauptgang Onglet vom Holzkohlegrill, Rotkohl, Kirsche und Haselnuss. Als Dessert wird eine Fürstliche Käseauswahl gereicht mit Ananas-Chutney, Sellerie, Fenchel und Radieschen. Das Menü könnte mit gegrillter Wassermelone mit Erbsen, Rucola, Hirtenkäse beginnen, gefolgt von Foie-gras-Terrine mit Apfel, Sellerie und Sanddorn. Als Zwischengang Hummerschwanz, bunte Karotten, Friséesalat und Bisque. Als Hauptgang eine gefüllte Hühnerbrust mit Polenta, Mais und Velouté und als Abrundung die Fürstliche Käseauswahl und vielleicht noch Erdbeere, hausgemachter Eierlikör, Filoteig und Pistazie.

Wenn der Lebemann und Genießer Fürst Pückler noch auf seinem Schloss leben würde, wäre er sicher Stammgast im Restaurant »Lou« im Cavalierhaus. Um fürstlich zu Abend zu speisen, müsste er nur vom Schloss durch den blütenduftenden Pleasureground ins Cavalierhaus wandeln.

CAVALIERHAUS

Tagesrestaurant »Cavalierhaus« • Abendrestaurant »Lou«
Küchenchef: Tim Sillack
Zum Kavalierhaus 9 • 03042 Cottbus OT Branitz
Tel.: 0355-493 970 30 • info@cavalierhaus-branitz.de • www.cavalierhaus-branitz.de

IM SÜDWESTEN

Das Restaurant »kochZimmer« in Potsdam

SALONS MIT EXQUISITEM INTERIEUR

31

VILLA KELLERMANN

Eine der bevorzugten Wohngegenden in Potsdam ist die Berliner Vorstadt zwischen Jungfern-, Tiefem und Heiligem See. Straßenweise erschlossen wurde die Gegend vor dem Berliner Tor in der zweiten Hälfte des 19. Jahrhunderts. Am Ufer des Heiligen Sees stehen prachtvolle historische Villen. Eine von ihnen ist die Villa Kellermann, in deren Beletage im September 2019 ein gleichnamiges Restaurant eröffnete.

Die Villa wurde 1914 für den königlich-preußischen Zeremonienmeister Wilhelm von Hardt erbaut. In der Weimarer Republik gelangte sie in den Besitz des jüdischen Bankiers Emil Wittenberg. Er wurde von den Nationalsozialisten enteignet und die Heeresleitung der Wehrmacht bezog das Haus. Nach 1945 übernahm in der DDR der »Kulturbund zur demokratischen Erneuerung Deutschlands« die große Villa, die nach dem Schriftsteller Bernhard Kellermann benannt wurde. Bis zur Wende blieb sie ein öffentliches Haus mit kulturellen Veranstaltungen. Danach war sie die Adresse eines Restaurants, nach dessen Schließung 2009 stand das Gebäude weitestgehend leer. 2015 erwarb der Journalist und TV-Moderator Günther Jauch das Anwesen. Im Zuge einer umfassenden denkmalgerechten Sanierung ließ er ein Restaurant einrichten. Für die historischen Räume entwarf Ester Bruzkus Architekten aus Berlin eine gesamtheitliche Gestaltung mit geschmackvoll eingerichteten Speisesalons. Ockerfarbene und rötliche Töne sowie Gold nehmen im Salon Alter Fritz die Farben des Porträts »Friedrich der Große« von Andy Warhol auf. Im Ele-

fantensalon empfängt ein feierliches Blau, kleine weiße Elefanten bemustern eine dunkelblaue Tapete während der Grüne Salon in einem warmen Dunkelgrün gehalten ist. Über eine Freitreppe gelangt man in den Garten mit Seeterrasse.

Für das kulinarische Konzept gewann Günter Jauch den Berliner Spitzenkoch Tim Raue. Für die Villa Kellermann kreierte er eine an regionaler und deutscher Kochtradition angelehnte Küche, die modern interpretiert wird. Unter dem Label »Der gedeckte Tisch« wird ein dreigängiges Menü vorgeschlagen. Die Vorspeise bildet ein Sortiment von fünf Geschmacksüberraschungen, der Hauptgang ist eine Empfehlung des Tages aus der Karte, gefolgt von einem Dessert. Einige der Gänge sind auf der Speisekarte enthalten, die auch originelle vegane oder vegetarische Gerichte bereithält. Als Vorspeisen könnte Tomatensalat mit Wassermelone, Burrata und Sanddorn oder Makrele nach Hausfrauenart mit Gurke, Zwiebel und Dill oder Büsumer Krabben »Onkel Jörg« mit Fenchel, Saiblingskaviar und Avocado angeboten werden. Als einheimischer Fisch würde Forelle passen mit Soja, Zitrone, Topinambur und Traube. Als Hauptgericht mit Fisch könnte ein Barschfilet »Müllerin« in Frage kommen mit Petersilie, Spinat und Zitrone oder Kabeljau mit Topinambur, Sauerampfer und Traube. Der deutschen Küche entstammen gebackenes Huhn, Kürbis, Karotte und Blaubeere oder knusprige Spanferkelhaxe, Kohlrabi, Birne und Senf. Als Gemüsegericht gibt es Petersilienwurzel mit Topinambur, Sauerampfer und Traube oder geschmorte Topinambur mit Petersilie, Apfel, Jalapeño und Zitrone. Bei den Desserts taucht Bekanntes auf wie Liebesknochen, Dulcey, Birne und Jasmin oder Kirschwackelpudding, Schokolade, Mandel und Vanille. Ein weiteres Dessert wäre die Heiße Liebe mit Brombeere, Rosmarin und weißer Schokolade.

Stimmungsvoll eingerichtete Speisesalons, die Sommerterrasse am Heiligen See und die feine Kulinarik haben die »Villa Kellermann« von einem Kulturort in einen modernen Genussort verwandelt.

VILLA KELLERMANN
Kulinarische Gestaltung: Tim Raue
Küchenchef: Christoph Wecker
Restaurantleitung: Patricia Liebscher
Mangerstraße 34 • 14467 Potsdam
Tel.: 0331-200 465 40 • info@villakellermann.de • www.villakellermann.de

NEUE PREUSSISCHE KÜCHE

32

KOCHZIMMER

Abseits der belebten Straßen hat sich der Neue Markt in Potsdam eine ganz eigene Atmosphäre bewahrt. Bis auf das langgestreckte barocke Gebäude des Kutschpferdestalls mit seinem säulenverzierten Eingangstor, säumen das rechteckige Karree fast nur Bürgerhäuser aus dem 18. Jahrhundert. In der Mitte des Platzes befand sich ab 1735 die königliche Malz- und Kornwaage. Im Jahr 1836 wurde ein neues Gebäude errichtet, das noch auf dem Platz steht. Die Waage wurde ab 1875 als städtische Ratswaage genutzt. Bis in die 1970er Jahre wurde auf dem Neuen Markt noch gewogen. Eines der Barockhäuser ist das Eckhaus zur Straße Am Neuen Markt mit seinen großen steinernen Vasen auf der Attika. Es wurde 1752 von Jan Bouman (1706–1776) errichtet, der unter anderem den Auftrag zur Erbauung des Holländischen Viertels erhalten hatte. Bereits seit 1783 beherbergt das Haus eine Gaststätte, bis vor nicht allzu langer Zeit unter dem Namen »Gaststätte zur Ratswaage«, deren Schriftzug noch an der Hauswand steht.

Seit 2017 setzt das Restaurant »kochZimmer« die gastronomische Tradition fort, zuvor war es in Beelitz erfolgreich. Jörg Frankenhäuser, seine Gattin Claudia und Chefkoch David Schubert, die schon in Beelitz ein Team bildeten, haben das Restaurant »kochZimmer« in einer modernen Eleganz eingerichtet. Rote Polsterstühle geben farbige Akzente vor getönt verspachtelten Wänden, dunkle Holzdielen und helle Räume zitieren die Gebäudehistorie des Bürgereckhauses, zwei ausladende Deckenleuchter aus den 1950er Jahren geben mit ihren Spinnenarmen

den hohen Räumen einen besonderen Charakter. Die Farbtöne der Glühbirnenfassungen wurden bei der Innengestaltung aufgenommen. In dem sich zurücknehmenden Interieur werden das Essen und die Tischgesellschaft zum sinnlichen und kommunikativen Erlebnis. In der warmen Jahreszeit lädt eine Hofterrasse mit efeubewachsener Mauerwand die Gäste ein.

Im Restaurant »kochZimmer« werden ausschließlich wundervoll inszenierte Menüs der neuen preußischen Küche serviert, die das Restaurant »kochZimmer« konzipiert hat und ständig weiterentwickelt. Viel Wert wird auf ein vegetarisches Angebot gelegt. Ein Menü könnte aus bei 43 Grad gebeizter Gelbschwanzmakrele mit Tomate, Mispel und Kapuzinerblättern bestehen oder aus Steinchampignons mit Fichte, Pastinake, Sauerklee und Radieschen. Aus dem Gemüsegarten wird Kohlrabi mit Estragon, Nussbutter, Kirsche und Kohlrabimilch aufgetischt oder die altbekannte Mohrrübe mit Wellant-Apfel,

Sanddorn, Haselnuss und Michaels Vogelmiere. Aus dem Meer kann ein gebratener Kabeljau mit Austernblättern, Salatgurke und Büsumer Krabben bestellt werden oder Bretonischer Hummer, Signatur David Schubert, Orange, Bisque und Estragon. Vom Geflügel gibt es einen Gang mit Kikok-Huhn, Amaranth, weißer Zwiebel und im Anschluss ein Café de Paris. Für Käseliebhaber werden die Käsesorten Comté Reserve und Maitre mit Anthony, Pistazien, Aprikosenkern und Schafgarbe angeboten und wer Fruchtiges mag, bestellt Kirschen aus dem brandenburgischen Kliestow mit Gunanja-Schokolade, Vanille und Salzblüten.

Als ein paar Häuser weiter im Kutschpferdestall noch die Pferde für den Fuhrpark des königlichen Hofes gehalten und auf dem Neuen Markt die Rosse eingespannt wurden, gab es in der Gaststätte an der Ecke wohl deftiges Essen. Rund 200 Jahre später serviert das Restaurant »kochZimmer« eine neue feine preußische Küche. Dafür wäre in preußischen Zeiten der Neue Markt ganz sicher mit den Kutschen der Gäste vollgeparkt gewesen.

KOCHZIMMER

in der Gaststätte zur Ratswaage
Inhaber: Claudia und Jörg Frankenhäuser • Küchenchef: David Schubert
Am Neuen Markt 10 • 14467 Potsdam
Tel.: 0331-200 906 66 • info@restaurant-kochzimmer.de • www.restaurant-kochzimmer.de

FRANZÖSISCHES FLAIR

33

JULIETTE

In der kopfsteingepflasterten Jägerstraße in der Potsdamer Altstadt sind viele Häuser aus dem 18. Jahrhundert erhalten. Das heutige Viertel mit den farbigen Fassaden, kleinen Lädchen und Bistros wurde seinerzeit von König Friedrich Wilhelm I. ab 1733 im Zuge der Zweiten Stadterweiterung angelegt. Dafür wurde die alte Stadtmauer abgerissen und eine neue errichtet. Von ihr sind noch das Brandenburger Tor, das Jägertor und das Nauener Tor vollständig erhalten. Die Leitung über die Stadterweiterung wurde zwei Militärs übertragen. Für die Bebauung ließen sie einen zweigeschossigen Gebäudetyp mit einem Zwerchhaus zur Straßenseite entwerfen. Das Haus in der Jägerstraße mit dem Restaurant »Juliette« im Erdgeschoss ist solch ein barockes Typenhaus. Es wurde um 1736 errichtet, im Jahr 1896 von einem Schmied umgebaut und im Hinterhof um zwei Wohnseitenflügel erweitert. Im Ladengeschäft zur Straße empfängt heute das Restaurant »Juliette« seine Gäste. Historisches Fachwerk, Ziegelwände, ein offener Kamin, einladende weiß gedeckte Tische und Sprossenfenster mit langen Vorhängen vermitteln den Charme eines Restaurants, in dem man gerne zu Gast ist.

Nach seiner Ausbildung als Koch blieb Küchenchef Carsten Rettschlag in bekannten Häusern in Brandenburg, darunter im Restaurant »Juliette«. Im Jahr 2012 ergab sich für ihn die Gelegenheit, das Restaurant als Patron und Küchenchef weiterzuführen. Mit einer Mischung aus französischer Küche und eigenen modernen Kreationen bieten Küchenchef Carsten Rettschlag

und sein Team täglich wechselnde kulinarische Überraschungen an. Neben französisch ist die feine Küche regional und saisonal ausgerichtet, ergänzt um internationale Einflüsse.

Aus einem Menüvorschlag können die einzelnen Gänge gewählt werden. Ein Menü könnte beginnen mit Zweierlei von der Foie gras mit Valrhona-Bitterschokolade und Kirsche, danach Pulpo mit Merguezpraline, Taboulé, Karotte, Dill und Tomate. Als Fischgericht das Filet vom Saibling mit Rettich, grünem Apfel und Erbsen-Risotto. Zwischendurch ein Sorbet von der Passionsfrucht mit Gurke und Minzöl oder ein Sorbet vom Pfirsich mit Himbeere und Lavendel. Als Hauptgericht einen Sous-vide-gegarten Kalbstafelspitz mit Kohlrabi, Petersilie, Kräuterseitling und Trüffeljus oder ein Rinderfilet mit Blumenkohl, Röstgemüsecreme, Zwiebel und Maisgrieß. Zum Abschluss einen Käse wie Fourme d'Ambert mit Radicchio Treviso und Holunderbeere oder Walnuss-Camembert mit Eis und Crumble von der

Petersilie und Birne. Wer Süßes mag, könnte Köstlichkeiten vom Rhabarber mit Erdbeere und karamellisierter weißer Schokolade wählen oder Aprikose mit weißer Schokolade und kandierter Olive.

Auf dem schmalen Bürgersteig der Jägerstraße stehen in der warmen Jahreszeit vor dem Restaurant »Juliette« französische Bistrotische und Rattan-Stühle mit geflochtenen Rückenlehnen und Sitzen. Sie verströmen einen Hauch von Paris an der Seine in Potsdam an der Havel.

RESTAURANT JULIETTE
Inhaber und Küchenchef: Carsten Rettschlag
Jägerstraße 39 • 14467 Potsdam
Tel.: 0331-270 17 91 • potsdam@restaurant-juliette.de • www.restaurant-juliette.de

REGIONALE KÜCHE UNTER DEM PAGODENDACH

DRACHENHAUS

34

Bei der Bushaltestelle Drachenhaus an der Maulbeerallee im Potsdamer Park Sanssouci führt ein Weg mit 75 Stufen hinauf zum Bornstedter Höhenzug. An dessen Südseite ließ König Friedrich II. (1712–1786) auf Vorschlag eines Grenadiers aus dem Rheinland ab 1769 einen Weinberg anlegen. Weil der Weinbau in der deutlich nördlicher als das Rheinland gelegenen Region nicht von Erfolg gekrönt war, ordnete der Regent stattdessen den Anbau von Pfirsichen und »Azaroli-Äpfeln« an, einer mispelähnlichen Frucht. Als Wohnhaus für den Winzer gedacht, entstand am Ende des Stufenweges 1772 ein Haus im Stil einer chinesischen Pagode mit achteckigem Grundriss. Nach Vorgaben des Königs, der die Inspiration zu einem solchen Bau aus einem Architekturbuch hatte, wurde es von Baumeister Carl von Gontard (1731–1791) entworfen und mit insgesamt 16 Drachenfiguren an den geschwungenen Dächern versehen, denen die Pagode ihren Namen verdankt. Ein Winzer zog nie ein, dafür Wachpersonal des nahe gelegenen Belvedere Klausberg, was schon frühe Umbauten verursacht hatte. Mit der Zeit geriet das Drachenhaus in Vergessenheit. Um dem zunehmenden Verfall Einhalt zu gebieten und den Wünschen von Besuchern entgegenzukommen, richtete ein Pächter um 1900 einen Kaffeeausschank dort ein. Die Nordseite bekam einen Küchenraum, der 1935 erweitert wurde. Seither ist im Drachenhaus Gastronomie

zuhause. Im Jahr 1996 ergab sich für Peter Hortig die Möglichkeit, das Drachenhaus zu pachten. Sein Sohn Alexander kam ein Jahr darauf ins Team, seit 2011 führt er das Restaurant »Drachenhaus« alleine.

Durch hohe Rundbogenfenster fällt Licht in das im Barockstil eingerichtete Restaurant. Umgeben von hohen Bäumen bilden drei Terrassen und das Drachenhaus ein reizvolles Miteinander. Das Angebot à la carte bietet frische saisonale Küche und für den Nachmittagsausflug Kaffee und Kuchen aus der hauseigenen Konditorei. In der regional ausgerichteten Küche mit südeuropäischen Anklängen werden einheimische und frische Produkte verarbeitet wie Gemüse, Fisch von heimischen Fischern oder Fleisch vom brandenburgischen Weiderind. Neben einheimischen Klassikern bietet die Karte kulinarische Ausflüge in die Küchen anderer Länder. Als Vorspeise könnte Carpaccio vom Weideochsen mit Olivenöl, Pommery Senf, gehobeltem Parmesan und Szechuanpfeffer gewählt werden oder ein gebackener Ziegenkäse aus Brandenburg mit Gewürzbirne, Salatspitzen, Sprossen und Baguette. Für Suppenliebhaber werden eine Tomaten-Orangen-Suppe mit Basilikumpesto oder eine Preußische Kartoffelcremesuppe mit Würstchenscheiben und Petersilienöl

angeboten. In der Herbstzeit stehen Tagliatelle mit Rahmpfifferlingen, Kräutern und Rucola auf der Karte. Im gutbürgerlichen Bereich liegen der 24 Stunden lang gegarte Rinderbraten mit Bayrisch Kraut und Kräuter-Erdäpfeln und das Wiener Schnitzel vom Kalb mit lauwarmem Kartoffelsalat, Frühlingslauch und Balsamicohonigbalm. Vielleicht in Erinnerung an den frankophilen König Friedrich II. wäre als Dessert eine Creme brûlèe »Alter Fritz« mit Kirschkompott ganz passend.

Zu erreichen ist das Drachenhaus vom Belvedere auf dem Klausberg, von der Orangerie im Park Sanssouci oder von Bornstedt. Der Aufstieg über die 75 Stufen ab der Maulbeerallee ist nur eine von mehreren Optionen. Das Drachenhaus im chinesischen Pagodenstil übt allerdings eine so starke Anziehungskraft aus, dass man eine Anstrengung kaum bemerkt. Oben im Restaurant »Drachenhaus« angekommen, ist man sich sofort sicher, dass sich die Mühe gelohnt hat.

DRACHENHAUS

Inhaber und Küchenchef: Alexander Hortig
Maulbeerallee 4 • 14469 Potsdam
info@drachenhaus.de • Tel.: 0331-505 38 08 • www.drachenhaus.de

WO EINST DIE HAVELFÄHREN FUHREN
ALTE ÜBERFAHRT

35

Auf einem Werder, wie eine Flussinsel genannt wird, liegt die historische Altstadt von Werder an der Havel. Auf der einen Seite der Insel, die vor Überschwemmungen einigermaßen sicher war, entwickelte sich aus einem Fischerdorf die Ortschaft Werder. Den historischen Ortskern überragt der 50 Meter hohe Turm der im gotischen Stil erbauten Heilig-Geist-Kirche aus dem 19. Jahrhundert. Eine Bockwindmühle steuert der Inselansicht einen besonderen Akzent bei. Nach Maßnahmen zum Schutz gegen Überschwemmungen wurde auch die andere Inselseite besiedelt. Als der Platz auf der Flussinsel um 1900 nicht mehr ausreichte, dehnte sich die Stadt hinter der einzigen Brücke auf das Festland aus. Die Altstadtsilhouette vom ehemaligen Fischerdorf Werder mit der Heilig-Geist-Kirche, dem Rathaus und der Bockwindmühle steht wie die ganze Inselstadt unter Denkmalschutz. Heute ist Werder vor allem für sein Baumblütenfest bekannt, das Anfang Mai jährlich Hunderttausende Besucher in das ansonsten eher beschauliche Städtchen lockt.

Über die Brücke zum alten Marktplatz und weiter bis zur Havel erreicht man ein 1912 errichtetes auffälliges Gebäude mit zahlreichen Verzierungen – das Hotel Prinz Heinrich. Bis 1927 hieß es Hotel zur Überfahrt. Danach erfuhr es unterschiedliche Nutzungen, bis es um 2006 renoviert wurde und seither in altem Glanz erstrahlt. An diesem Uferstück gab es früher die Schiffsanleger für Fähren zur Überfahrt über die Havel. Daran erinnernd nannten Patrick Schwatke und Bertine Spieß ihr Restaurant, das

sie 2016 im Erdgeschoss des Hotels eröffneten, »Alte Überfahrt«. Mit Chefkoch Thomas Hübner entwickelte sich die »Alte Überfahrt« zu einer Feinschmeckeradresse. Auf einer gepolsterten Eckbank und Stuhlsesseln genießt der Gast das delikate Essen. Ein warmes Dunkelgrün bestimmt das angenehme Interieur. Zur nachhaltigen Gartenküche passt es jedenfalls hervorragend. Die traumhafte Lage am Wasser lässt sich in der warmen Jahreszeit von der Sommerterrasse zur Havel hin auskosten.

Die saisonale Karte der Frischeküche mit internationalen Einflüssen wird auch vom Schlossgarten in Petzow vorgegeben, aus dem Patrick Schwatke und Thomas Hübner täglich Kräuter, frisches Obst und Gemüse beziehen. Bei ihrer leidenschaftlichen Wertschätzung von Gemüse, bekommen Fisch und Fleisch die Rolle der Ergänzung. Regionale Zulieferer, Nachhaltigkeit und Bio sind im Restaurant »Alte Überfahrt« eine Selbstverständlichkeit. Es stehen zwei Menüs zur Auswahl, alternativ kann mit Gerichten aus der Karte eine eigene Abfolge kombiniert werden.

Der erste Gang liest sich beispielsweise als Stracciatella, Tomate, Pfirsich, Pumpernickel und Buschbasilikum oder als Sauerteig, Aubergine, Dinkel, Erdapfel und Kräuter. Als zweiter Gang oder »Zwischendurch« kommen Fregula, Clima die Rapa, Grünes Zebra und Ricotta oder Fregula, Gartenerbse, Peaso, Ricotta und Imperial-Auslese in Frage. Zum Hauptgang wird Zicklein aus Iden, Zucchini, Knödel und Zweierlei oder als Fischgericht Barsch aus dem Großen Zernsee, Jke Jime, Spitzkohl, Kraut, Süßkartoffel und Fenchel angeboten. Als Dessert schließen Erdbeere mit Cream Cheese, Shiro Miso und Basilikum oder Ziegenfrischkäse, Mandel und Wildpflaume das Menü ab.

Die Historie der Schiffsanlegestelle scheint eine Metapher für das Restaurant »Alte Überfahrt« zu sein. Wie eine Fähre den Fahrgast an ein fremdes Ufer bringt, so befördert die feine Küche des Restaurants seine Gäste sicher in neue kulinarische Sphären.

ALTE ÜBERFAHRT
Inhaber: Patrick Schwatke • Küchenchef: Thomas Hübner
Fischerstraße 48b • 14542 Werder/Havel
Tel.: 03327-731 33 36 • info@alte-ueberfahrt.de • www.alte-ueberfahrt.de

GENUSS MIT HAVELBLICK

FILTERHAUS

Bereits die Mönche des Zisterzienserklosters in Lehnin nutzten das warme Klima auf der Flussinsel und betrieben im 14. Jahrhundert Obstanbau in Werder an der Havel. Im 19. Jahrhundert entwickelte sich der Erwerbsobstanbau und Werder wurde zum sogenannten Obstgarten Berlins. Zur Obstblüte im Frühjahr wird im Stadtgebiet und auf den Obstplantagen das Baumblütenfest gefeiert, das zu den bekannten Ereignissen in Brandenburg zählt. In der für Gemüse- und Obstanbau bekannten Stadt findet man überraschend eine große, stillgelegte Vulkanfiber-Fabrik. Sie ist Deutschlands älteste Fabrik zur Herstellung dieses Kunststoffs aus natürlichen Fasern. Im Jahr 1994 wurde die Herstellung von Vulkanfiber eingestellt. Vier Jahre später kaufte Jörg Maywald das Fabrikgelände. Nach Sanierung sind in den Gebäuden und Fertigungshallen Firmen und Ateliers untergebracht. Ein weiteres Ziel war es, einen Wasserwanderstützpunkt einzurichten. So gibt es an der Havel eine Marina, einen Kran zum Auskranen der Boote fürs Winterlager und Serviceangebote für Wassersportler und Charterbootnutzer.

An der Havel ist das Filterhaus der Fabrik erhalten, in dem Flusswasser für den Herstellungsprozess von Vulkanfiber gefiltert wurde. Das Filterhaus wurde aufwändig saniert und die außergewöhnliche Dachbalkenkonstruktion restauriert. Was einmal eine Fabrikhalle war, ist nun ein modern eingerichtetes Restaurant mit Kronleuchter an der Decke. Durch eine Scheibe kann das fleißige Küchenteam bei der Arbeit bestaunt werden.

Das Highlight der Küchenausstattung ist ein X-Oven-Holzkohlegrill, der besondere Geschmackserlebnisse verspricht. Vor einer weitläufigen überdachten Terrasse schwanken Schiffe an ihren Anlegestellen, in der Ferne ist die Altstadtinsel von Werder zu erkennen.

Das 2019 eröffnete Restaurant »Filterhaus« fühlt sich der deutschen Küche verbunden, die ideenreich verfeinert wird. Internationale Speisen erweitern das Angebot. Das Restaurant wird auch als Tagungsort oder für Veranstaltungen genutzt, bis zu 200 Personen können in den großzügigen Räumlichkeiten bewirtet werden. Wert legt man hier auf Fleisch aus artgerechter Haltung und frische, regionale und saisonale Zutaten. Die sommerliche Vorspeise könnte südeuropäisch sein mit Burrata, Mango, Rucola, Chili und Thaibasilikum oder mit einer spanischen Gazpacho mit Roter Garnele und Erdbeere. Zum Hauptgang könnte es ein Wolfsbarschfilet mit Lauch und Pfifferling-Risoni-Risotto geben und für Fleischliebhaber ein Entrecôte mit Speckbohnen, Perlzwiebeln und Kartoffelgratin. Aus Brandenburg kommt die Prignitzer Maispoulardenbrust mit wildem Brokkoli, Seitlingen und Süßkartoffeln. Zum Dessert wird eine französische Crème brûlée mit Valrhona-Schokolade und Erdbeere oder eine Aprikosenkaltschale mit Buttermilch und Verbene angeboten.

Für Pkw-Fahrer, Radfahrer und Fußgänger geht der Weg zum Restaurant »Filterhaus« durch eine Schranke bei der Fabrikeinfahrt und weiter über das Fabrikgelände bis zur Havel. Nach Anmeldung bei der Marina Vulkan kann während des Restaurantbesuchs mit einem Boot, das bis zu 15 Meter lang, 4,25 Meter breit und 1,25 Meter tief ist, im Hafen angelegt werden. Man sollte darauf vorbereitet sein, dass sich das Restaurant »Filterhaus« am hinteren Ende einer Fabrik in einem alleinstehenden Gebäude an einem Flusshafen befindet. Lage und das Restaurant »Filterhaus« in der ehemaligen Vulkanfiber-Fabrik sind außergewöhnlich und einen Besuch mit Anfahrt sowohl vom Land als auch vom Wasser aus wert.

FILTERHAUS
Küchenchef: Dennis Hein
Adolf-Damaschke-Straße 56 • 14542 Werder/Havel
Tel.: 03327-572 44 57 • anfrage@restaurant-filterhaus.de • www.restaurant-filterhaus.de

ALTER BAUERNHOF IM SPINNERDORF   37
PHILIPPSTHAL

Das Straßendorf Philippsthal gehört zu den Ortsgründungen im 18. Jahrhundert, bei denen sich Preußen mit der Ansiedlung von Wollwebern eine wirtschaftliche Unabhängigkeit erhoffte. In den strohgedeckten Fachwerkhäusern entlang der Dorfstraße wurden 1754 zunächst 50 Familien angesiedelt, die sich mit Wollspinnerei auskannten. Ihnen wurde die Befreiung von Abgaben gewährt, der König spendierte Gartenland, Wiese und eine Kuh. Als Gegenleistung musste eine Familie monatlich zwei Pfund versponnene Wolle abliefern. Philippsthal ist eines der sogenannten Spinnerdörfer in Brandenburg. Mit der Zeit wurden die Spinnereien weniger, anderes Handwerk und vor allem Landwirtschaft erlangten größere Bedeutung. Beim Dorfanger, auf dem erst 1904 die zur Dorfgründung versprochene Dorfkapelle eingeweiht wurde, steht ein ortstypisches Haus mit blauen Fensterläden. Es gehört zu den ältesten des Dorfes. Hinter ihm stehen ehemalige Stallungen und Scheunen um einen mit Feldsteinen gepflasterten Hofgarten. Das gesamte landwirtschaftliche Gehöft gehört zum Restaurant »Philippsthal«.

In dem begrünten Hof erinnert eine Schwengelpumpe an alte Zeiten und ein Edelkastanienbaum spendet mit seiner dichten Krone kühlen Schatten. Das Restaurant reicht vom Vorderhaus bis in den Seitenflügel, wo die Stallungen waren, sichtbar unter anderem an der Holzbalkendecke im Wohnhaus und der preußischen Kappendecke im früheren Stall. Das moderne Interieur harmoniert mit dem rustikalen Ambiente, das liebevoll

restauriert wurde. Die Geschichte des Gehöftes ist erkennbar geblieben. In einer einsehbaren Küche bereitet das Küchenteam um Küchenchef Guido Kachel frische, regionale Speisen mit Einflüssen aus der mediterranen und französischen Küche zu. Die Karte wechselt nach saisonalen Angeboten aus der Region. Kräuter und Gemüse wachsen im eigenen Garten. Bevor Guido Kachel in der Ortschaft Philippsthal das gleichnamige Restaurant etablierte, arbeitete er als Koch in verschiedenen Gourmetrestaurants in Berlin und Potsdam und als stellvertretender Küchenchef in einem Kongresshotel. Erfahrungen als selbstständiger Gastgeber sammelte er im »Restaurant im Landhotel Theodore F«. Mit einer »frischen Aromaküche in märkisch-ländlichem Flair« erfüllt er im besten Sinne die kulinarischen Erwartungen an einen gehobenen Landgasthof, der zudem in einem Bauernhaus untergebracht ist.

Als Beispiele aus der täglich wechselnden Karte könnten als mediterrane Vorspeise gebratene Garnelen und Salchicha mit Piementos, Knoblauch und Tomate gewählt werden oder bunte

Sommerkräuter-Blattsalate mit Ziegenkäse und Honigwabe. Als Fischgericht gebratenes Seehechtfilet mit Dill-Senf-Gurken und Kartoffelstampf. Das Entrecôte stammt vom irischen Weide-Ochsen, es wird mit Karotten und schwarzen Bohnen serviert. Aus Brandenburg wird ein Steak vom Jüterboger Strohschwein mit Auberginen-Tomaten-Gemüse und Polenta angeboten. In der Beerenzeit wird als Dessert beispielsweise ein Crumble von frischen Garten-Beeren mit Johannisbeersorbet gereicht oder zur Obsternte eine gebrannte Zitronencreme mit frischem Pfirsich. Im historischen Steinbackofen werden verschiedene Gerichte zubereitet wie Backschwein, Gänse, Enten oder Wildbret. Freitags wird im Steinbackofen Landbrot und Gebäck aus naturbelassenem Mehl gebacken mit Verkauf am Nachmittag.

Das Restaurant »Philippsthal« ist der beste Beweis dafür, dass man in brandenburgischen Straßendörfern das Tempo drosseln sollte, denn selbst in unscheinbaren Ortschaften gibt es kulinarische Diamanten zu entdecken.

PHILIPPSTHAL

Inhaber und Küchenchef: Guido Kachel
Philippsthaler Dorfstraße 35 • 14558 Nuthetal OT Philippsthal
Tel.: 033200-524 432 • info@restaurant-philippsthal.de • www.restaurant-philippsthal.de

FACHWERKHOF MIT LAUBENGANG

38

ZUR ALTEN BRAUEREI

Die Ackerbürgerstadt Beelitz mit ihrer bemerkenswerten Altstadt ist berühmt für den Spargelanbau. Bereits 1861 begann der Spargellandwirt Carl Hermann mit dem Anbau des begehrten Gemüses auf Feldern bei Beelitz. Seither ist der Beelitzer Spargel in aller Munde. Den findigen Spargelbauer ehrt die Stadt mit einem Denkmal im Lustgarten. Auch im Landgasthof »Zur Alten Brauerei« am südlichen Rand des Altstadtkerns wird Tradition großgeschrieben. Eine lange Familiengeschichte verbirgt sich hinter den Mauern des historischen Fachwerkhofs eines Ackerbürgers. Das Anwesen ist von 1650, die Brauerei wurde erstmals 1700 urkundlich erwähnt. Seither wurde Bier gebraut, Landwirtschaft betrieben, auch Schnaps gebrannt und Gäste bewirtet. Der letzte Brauer stellte 1925 das Bierbrauen ein. Es folgte eine Zeit mit Land- und Gastwirtschaft, bis sie Anfang der 1950er Jahre in der DDR zwangsweise eingestellt wurde. Erst nach der Wende konnte Peter Wardin die Gastwirtschaft in der neunten Generation weiterführen.

Durch ein hohes Tor gelangt man über Feldsteinpflaster in den Innenhof. Fachwerkgebäude, schwere Holztore mit angerosteten Kastenschlössern, landwirtschaftliche Geräte, ein großes Fass, viele Pflanzen, helle Sonnenschirme und eine Hofgaststätte geben den Rahmen einer von der Straße versteckten Welt des Ackerbürgerhofes. In einem früheren Stall empfängt eine gemütliche Landgaststätte ihre Gäste. Zu feierlichen Anlässen werden Tische weiß und festlich eingedeckt. In der Bee-

litzer Spargelzeit kommt man um den Landgasthof »Zur Alten Brauerei« nicht herum. Peter Wardin und sein Küchenteam bringen die Köstlichkeit mit traditionellen Rezepten und neuen Varianten auf die Speisekarte. Nach der Spargelsaison geht die saisonale Küche des Landgasthofs »Zur Alten Brauerei« auf die Beelitzer Erdbeer- und Heidelbeerzeit, später auf die Ernte der Kürbisse und die Pilzsaison ein. Viele Produkte wie Ente, Fisch oder Gemüse kommen aus der Region. Die Speisekarte schlägt ein Kressesüppchen mit Olivencroûtons oder Chicoree-Birnensalat mit Himbeervinaigrette vor. Ein Hauptgericht könnte Bullenbrust mit Kohlrabigemüse und Kartoffel-Kräuterpüree sein, als Fischgericht ein Kabeljau-Rückenfilet mit Brokkolipüree und Couscous oder geräucherter Bachsaibling aus Unterhammer mit Salat und Baguette. Ein Traditionsgericht ist die gebackene Entenbrust mit Pfifferlingen und Serviettenknödel. Als Dessert könnte Panna cotta mit Heidelbeeren und Vanilleschaum gewählt werden.

In dem erstaunlich gut erhaltenen Innenhof des jahrhundertealten Stadtbauernhofs bietet die Landgaststätte »Zur Alten Brauerei« gehobene gutbürgerliche Küche nach alter Familientradition und mit Gerichten von heute, die es in der sogenannten guten alten Zeit noch nicht gab. Die Zeit schreitet voran und die moderne gutbürgerliche Küche von Peter Wardin und seinem Team schreitet modern und lecker mit.

ZUR ALTEN BRAUEREI

Inhaber und Küchenchef: Peter Wardin
Mühlenstraße 30 • 14547 Beelitz
Tel.: 033204-357 77 • info@zuraltenbrauerei.de • www.zuraltenbrauerei.de

FAMILIÄRE DORFIDYLLE

39

LANDLUST KÖRZIN

In das Sackgassendorf Körzin führt dieselbe Kopfsteinpflasterstraße hinein und wieder hinaus. In slawischer Besiedlungszeit als Runddorf angelegt, gilt es aufgrund vieler Funde in seiner Gesamtheit als Bodendenkmal im Naturpark Nuthe-Nieplitz. Nördlich des Dorfes befindet sich ein gut erhaltener slawischer Burgwall. In Körzin trifft man auf Bauernhöfe, Gärten, eine Pferdepension an einem Reitwanderweg, ein Café und das feine familiäre Restaurant »Landlust Körzin« mit Hofladen.

Das Gastwirtsehepaar Ulrike und Stefan Laun kam 1996 aus Süddeutschland in die Gegend bei Beelitz. In Körzin eröffneten sie einen kleinen Hofladen mit Lebensmitteln, die sie selbst einkochten. Die Kochkunst Ulrike Launs fand große Anerkennung und steigerte die Nachfrage. Obwohl beide nicht aus der Gastronomie kommen, eröffnete das Ehepaar 2006 neben dem Hofladen in einem renovierten Bauernhaus eine Gaststätte. Im gemütlich eingerichteten Restaurant »Landlust Körzin« steht Ulrike Laun in der Küche. Die Menükarte der erntefrischen regionalen Küche wechselt wöchentlich. Ihr Mann übernimmt den Service und sorgt als passionierter Jäger für beste Wildqualität. An die Sommerterrasse hinter dem Bauernhaus schließen Wiesen und Weiden an, die mit den nahe gelegenen Seen zu Rast-, Futter- und Brutplätzen seltener Vögel gehören. Man sitzt an festlich gedeckten Tischen auf antiquarischen Wohnzimmerstühlen, an den Wänden hängen Bilder, frische Blumen schmücken den Raum und im Winter flackert ein Feuer im Kamin.

Ulrike Laun verwendet frische Zutaten aus ihrem eigenen Garten oder von umliegenden Bio-Gärtnereien, Fisch aus dem nahen Blankensee oder das, was ihr die Nachbarn »über den Zaun reichen«. Mit großer Freude gestaltet Ulrike Laun Menüs einer gehobenen Landküche mit Einflüssen oder Zutaten aus anderen Ländern. Was immer die Saison frisch und bio bietet, wird bei ihr zum Ideengeber für eine Speisenfolge. Im Sommer könnte es starten mit Mozzarella, Pfirsich, Basilikum und Pekannuss, danach Rote-Bete-Ravioli mit Trüffel, Rote-Bete-Würfeln und Granatapfel. Nach kurzer Pause ein Kichererbsenbagel, Zitronenzucchini, Brombeeren und Havelzander. Als Hauptgang Reh mit Kürbispüree und Zwetschgenröster. Zum Dessert eine süße Verführung aus Eis, Schaum und Grütze von der Himbeere, Törtchen von gebrannter Mandel oder für Liebhaber herzhafter Nachspeisen eine kleine Käseauswahl. Zur Wahl könnte auch ein Minzscone mit Melone, Erbse und Rauke, danach Chevice vom Zander, Roter Quinoa, Borretsch, Blaubeere und Gurke stehen. Nach einem Päuschen Möhre, Kartoffel, Ei und Pfifferling und als Hauptgang Rehrücken mit Trüffel, Pilz, Windbeutel und Zucchini. Als süßer Nachtisch dann Weinbergpfirsich, Salbei, Mohn und Limette.

Mit dem Restaurant »Landlust Körzin« und seinem feinen Speisenangebot schaffen es die freundlichen Gastgeber Ulrike und Stefan Laun spielerisch, ihre eigene Lust auf Land und gutes Essen auf ihre Gäste zu übertragen.

LANDLUST KÖRZIN

Inhaber: Ulrike und Stefan Laun • Küchenchefin: Ulrike Laun
Körzin 19 • 14547 Beelitz OT Körzin
Tel.: 0173-248 39 83 • info@landlust-koerzin.de • www.landlust-koerzin.de

WELTLÄUFIGES BRANDENBURG

AM HUMBOLDTHAIN

Von Brandenburg an der Havel bildeten die beiden Stadtteile Altstadt um die St. Gotthardt-Kirche und Neustadt mit der Kirche St. Katharinen im Mittelalter zwei eigenständige Städte, 1715 wurden dann die beiden durch die Havel getrennten Gemeinden zu einer Stadt zusammengefasst. Zuvor war jede von eigenen Stadtmauern umgeben mit ursprünglich neun mittelalterlichen Stadttoren mit Wehrtürmen, die neben den Stadttoren standen. Einer der vier erhaltenen Wehrtürme der Stadtmauern ist der Plauer Torturm am ehemaligen Plauer Tor im Stadtteil Altstadt, wo eine Ausfallstraße in Richtung Plauen aus der Stadt herausführt. Heute ist er Teil des innerstädtischen Grünrings. Gegenüber vom Plauer Torturm befindet sich in einem Barockhaus, das nach Abriss des Plauer Tors und der Stadtbefestigung auf dem Verlauf der aus märkischen Ziegeln bestehenden Stadtmauer errichtet worden war, das Restaurant »Am Humboldthain«.

Der Name spricht seine Lage an, denn etwas zurückversetzt von der Straße liegt es mit einer wunderbaren Gartenterrasse an Spazierwegen und unter Bäumen im Park Humboldthain, der sich entlang der früheren mittelalterlichen Stadtmauer erstreckt und seinen Namen anlässlich des 100. Geburtstags des Naturforschers und Weltreisenden Alexander von Humboldt (1769–1859) erhielt. Ein paar Außenstufen führen nach oben zu dem eher schlicht, aber elegant und geschmackvoll eingerichteten Restaurant.

Küchenchef Jasper Krombholz steht für eine kreative feine Küche, die deutsche, mediterrane und internationale Einflüsse harmonisch zu verbinden weiß. Es wird eine große Auswahl an Gerichten mit Zutaten aus der Umgebung und Brandenburg angeboten. Zum Beispiel stammt der Fisch wie Saibling oder Stör aus der Teichwirtschaft Rottstock oder vom Fischer aus dem Plessower See bei Werder, Geflügel vom Freilandhof aus Rogäsen, Fleisch vom brandenburgischen Weiderind oder Weideschwein und Wild aus dem Fläming.

Die Speisekarte des Restaurants »Am Humboldthain« ist ein Ausdruck der Bodenständigkeit sowie der kreativen Freude, neue Aromen aus anderen Ländern mit der regionalen Küche zu kombinieren. Als Suppe könnte eine Consommé vom Kalb mit Wurzelgemüse und Grießnocken gewählt werden oder ein Carpaccio vom Rinderfilet mit Trüffel-Mayonnaise, Pinienkernen, Wildkräutern und Parmesan. Als Fischgang wird ein Störfilet,

Belugalinsen, Kartoffelpüree und Chorizo angeboten und als Fleischgang Kalbsrücken mit Topinambur, Ratatouille und Senfsaat. Zum Dessert eine Honig-Creme-brûlée, Haselnusscrumble und Latte-Macchiato-Eis oder Vanillemousse, Passionsfrucht mit Erdbeer-Sorbet. Für Schokoladenfans findet sich eine Nougatmousse mit Pflaumen, Pistazien und Schokoladen-Sorbet auf der Karte.

Wenn der Weltreisende Alexander von Humboldt heute in Brandenburg an der Havel leben und das Restaurant »Am Humboldthain« kennen würde, hätte er dessen kreative Küche sicher so schätzen gelernt, dass er vermutlich gar nicht erst verreist wäre.

AM HUMBOLDTHAIN

Inhaber und Küchenchef: Jasper Krombholz
Plauer Straße 1 • 14770 Brandenburg an der Havel
Tel.: 03381-334 767 • restaurant@am-humboldthain.de • www.am-humboldthain.de

GUTES ESSEN IM WOHNZIMMER
INSPEKTORENHAUS

41

Neben dem Rathaus in Backsteingotik von Brandenburg an der Havel mit der großen Rolandfigur steht am Altstädtischen Markt das barocke Inspektorenhaus aus dem Jahr 1742. Mit einigen weiteren Gebäuden der näheren Umgebung, darunter das Altstädtische Rathaus, bildet es ein denkmalgeschütztes Ensemble, das das Flair des alten Städtchens heute noch erlebbar macht. In dem schönen Haus mit Mansardwalmdach wohnte der Marktinspektor, der die Aufsicht über das Marktgeschehen innehatte. Nach einer umfassenden Renovierung öffnete Benjamin Döbbel 2015 im Restaurant »Inspektorenhaus« die Tür für Gäste. Im heimeligen Gastraum wurden die Balken offengelegt und mit weißer Tünche akzentuiert. Breite Holzdielen, ausgewogenes Licht, edel gedeckte Holztische mit weißen Tischdecken und dunkle Stühle vermitteln den Eindruck, Gast in der guten Stube des Marktinspektors zu sein. Flaschen für Aperitif und Digestif stehen griffbereit auf einem Fass, an den Wänden hängen Ansichten des Altstädtischen Marktes aus vergangenen Zeiten. Das Auge isst hier nicht nur mit, es fühlt sich auch wohl. In der warmen Jahreszeit lädt eine begrünte Hofterrasse zum Entspannen und Genießen ein.

Der aus einer Gastronomiefamilie stammende Benjamin Döbbel lernte erst im zweiten beruflichen Anlauf Koch in bekannten Häusern in Magdeburg. Zuvor hatte er eine Ausbildung als Bürokaufmann abgeschlossen. Mit seinem Team erwarb er sich mit dem »Inspektorenhaus« bald großes Renommee und

das Restaurant wurde über die Grenzen Brandenburgs an der Havel hinaus bekannt. Seine regionale Küche ist verbunden mit internationalen Aromen. Bewährte Küchentechniken kommen beim Einwecken, Einlegen und Fermentieren zum Einsatz. Um seinen Service zu optimieren, richtete er das Restaurant »Inspektorenhaus« als ein Menü-Restaurant aus. In seinem Abendrestaurant bietet Benjamin Döbbel ein Fischmenü und ein Fleischmenü an. Am liebsten ist es ihm, wenn schon bei der Tischreservierung die Vorliebe genannt wird. So kann er eine nachhaltige, regionale und marktfrische Küche anbieten. Er kennt persönlich seine Zulieferer aus der Umgebung für Fisch, Geflügel, Fleisch und Wild und geht selbst in die Gärtnerei, um Zutaten zu besorgen. Das »Inspektorenhaus« bietet gehobene Küche auf gutbürgerlicher Basis. »Casual fine dining«, wie er es nennt, »gutes Essen im Wohnzimmer.«

Bei einem Fleischmenü könnte das erste Gericht Pritzerber Rotwild »From nose to tail« sein mit Sellerie, weißer Schokolade, Pfifferlingen und Brombeeren. Danach ein Rotkohl-Kokos-Süppchen mit kandiertem Ingwer, Sesam und Koriander. Es könnte weitergehen mit Onglet »Bergsdorfer Wiesenrind« vom Yakiniku-Grill mit bunten Strauchtomaten, Bergpfirsich, Passionsfrucht, karamellisierten Haselnüssen, Basilikum und Gnocchi und als Dessert Zarter Schmelz mit Himbeer, Estragon, Buttermilch, Nougat, Avocado und Vanille. Das Fischmenü könnte mit Jakobsmuschel-Ceviche, Mango, Avocado, Chili, Wildkräuter und Quinoa beginnen. Danach im Sommer ein geeistes Gurken-Sellerie Süppchen, Molke, Senfkaviar und Estragon. Der Hauptgang wäre vielleicht ein Filet vom Saibling »25 Teiche« mit Kartoffeln, Linsen, Ausgewähltem vom Havelländer Acker, Gewürzfenchel, Blutwurst-Crumble und Curry-Schaum. Und als Nachtisch als Hommage an den großen Sohn der Stadt Brandenburg Loriot-Schnittchen mit Kirsche, Mohn, Schokolade und Kardamom.

Der freundliche, offene Inhaber und Koch Benjamin Döbbel ist ein Gastgeber, dem sehr daran gelegen ist, dass seine Gäste einen wohlschmeckenden, schönen Abend verbringen.

INSPEKTORENHAUS

Inhaber und Küchenchef: Benjamin Döbbel
Altstädtischer Markt 9 • 14770 Brandenburg an der Havel
Tel.: 03381-328 21 39 • info@inspektorenhaus.de • www.inspektorenhaus.de

DAS MÜHLRAD DREHT SICH TAG UND NACHT 42
SPRINGBACH-MÜHLE

Angetrieben vom Wasser des Springbachs dreht sich unaufhaltsam das große Mühlrad an der Springbach-Mühle bei Bad Belzig. Zwischen hohen Bäumen steht die Mühle in einer anmutigen Senke. Ein dazugehöriger Park zieht sich einen Hügel hinauf. An Fischteichen stehen Tische und Bänke unter schattigen Baumkronen, während eine große Terrasse mit Tischen und Sonnenschirmen zum Verweilen einlädt. Dem Hauptgebäude mit schönem Fachwerk schließen sich Wirtschaftsgebäude und Stallungen für Pferde an, die manchmal Planwagen oder Hochzeitskutschen durch die hügelige Landschaft des Flämings ziehen. Für Hotelgäste stehen Zimmer in separaten Häusern am Park zur Verfügung. Bad Belzig kann auf eine lange Geschichte des Betriebs von Papier- und Ölmühlen zurückblicken, die 1634 ihren dokumentierten Anfang nahm. Die heutige Springbach-Mühle geht auf eine Ölmühle von 1749 zurück. Im Laufe der Zeit wechselte mit den Besitzern auch die Mühlenart. Zuletzt war sie eine Mahl- und Schneidemühle. Sie konnte mahlen und Holzstämme zu Brettern sägen.

Im Jahr 1997 erwarb Familie Muschert die Mühle in zerfallenem Zustand. In kurzer Zeit renovierten sie das alte Gemäuer und formten daraus ein Hotel mit dem gemütlichen Landrestaurant »Springbach-Mühle«. Seine Küche sieht sich saisonal und regional dem Fläming verpflichtet, erweitert durch überregionale und internationale kulinarische Schöpfungen. In der Küche werden vor allem Produkte aus der Umgebung verwen-

det. Als Vorspeise könnte gewählt werden Rote-Bete-Carpaccio, geräuchert, mit Wildkräutern, Walnüssen, gerösteten Sonnenblumenkernen und mit Honig geflämmtem Ziegenkäse. Suppenfreunde genießen eine Cremesuppe von Käse und Lauch mit Brennnesselsamen-Croûtons oder eine Hühnerbrühe aus dem Suppenhuhn gekocht mit Möhren, Erbsen, Spargel, Eierstich und Fleischklößchen. Vegane Speisen können mit Fisch- oder Fleischgerichten kombiniert werden wie z. B. das vegane Gericht Bandnudeln mit Gemüsebolognese, Kirschtomaten und Falafel, kombiniert auf Wunsch mit krosser Maispoularde oder gebratenem Wolfsbarschfilet. Eine Hauptspeise könnte Wildschweinfilet sein, gebeizt, mit Orangen-Spitzkohl, Thymian-Schupfnudeln und Preiselbeersauce oder als Fischgericht gebratene Forelle auf einem Streifengemüse, dazu Kartoffeln mit geklärter Butter und Mandeln. Zur Abrundung wird als Dessert beispielsweise ein Kaffee-Eis, im Bisquitmantel gebacken, mit Kokosraspeln,

Williams-Walnuss-Ragout und geschlagener Sahne oder ein Schwedenbecher mit Apfelmus, Eierlikör, Vanille- und Schokoeis und geschlagener Sahne angeboten, eine beliebte Nachspeise aus der ehemaligen DDR.

Sein gemütlicher und zugleich vornehmer Gastraum mit den freigelegten dunklen Balken des Fachwerks der alten Mühle, die große Sommerterrasse, die gehobene gutbürgerliche Küche und nicht zuletzt seine Lage im Grünen machen das Restaurant »Springbach-Mühle« zu einem beliebten Ausflugsziel im Fläming.

SPRINGBACH-MÜHLE

Hotel und Restaurant
Restaurantleitung: Karsten Wünsche
Mühlenweg 2 • 14806 Bad Belzig
Tel.: 033841-796 610 • rezeption@springbachmuehle.de • www.springbachmuehle.de

IN DER EHEMALIGEN DORFSCHMIEDE

43

LANDHAUS ALTE SCHMIEDE

Der Ort Lühnsdorf liegt im Hohen Fläming im gleichnamigen Naturpark. Der Fläming verdankt seinen Namen den Flamen, die vor Jahrhunderten den Höhenzug besiedelten. Um Lühnsdorf ist der Fläming landwirtschaftlich geprägt und dünn besiedelt. Im Jahr 1990 übernahm die Familie Kaufmann-Götz einen alten Vierseithof an der Lühnsdorfer Dorfstraße, in dem früher die Dorfschmiede zuhause war. In hingebungsvoller Detailarbeit verwandelten sie ihn in das Hotel und Restaurant »Landhaus Alte Schmiede«, das im Frühjahr 2001 die ersten Gäste empfing. Ein schöner Innenhof mit einem Baum und einer Schwengelpumpe lassen den Charakter des Vierseithofs wieder aufleben, in einem Landschaftsgarten hinter dem Haus füllt ein Brunnen plätschernd einen Teich. Bei Kindern beliebt ist der Kinderbauernhof mit Hasen, Ziegen, Hühnern und Enten. Das »Landhaus Alte Schmiede« liegt an der Wanderreitstrecke Hoher Fläming. Für Pferde sind auf einem Weideplatz Anbindebalken vorhanden, zum Übernachten eine Landhaus-Koppel und für die Reiterinnen und Reiter ein weiches Bett im Landhotel, das den harten Sattel vergessen lässt. Mit den Jahren kamen weitere Gästezimmer hinzu und die Scheune wurde zu einem Veranstaltungsraum umgebaut.

Seit Jahren leiten die Hotelmanagerin Melanie Ribatzke und der aus Potsdam stammende Chefkoch Dirk Krause das Haus. Im Vorderhaus wirkt das Restaurant wie eine Landhausgaststätte, im hinteren größeren Teil wurde ein geräumiges Restaurant mit

einem Wintergarten eingerichtet. Vor einer mit Efeu und Wildem Wein bewachsenen Ziegelhauswand kann in einem lauschigen Sommergarten zu Abend gegessen werden. Küchenchef Dirk Krause übernahm nach Stationen in Berlin, Potsdam und Klein Glien 2007 die Küche im »Landhaus Alte Schmicde«. Er setzt auf eine Küche mit saisonalen Zutaten aus der Region, die er mit seinem Team modern interpretiert, mit Frischem aus dem Naturreichtum des Flämings, Wild aus den umliegenden Wäldern, Fisch aus den heimischen Gewässern und Kartoffelgerichten aus der Flämingkartoffel. Dirk Krause kann sich auf ein erprobtes Netzwerk an Erzeugern aus der Umgebung verlassen – und auf seinen eigenen Garten, in dem er frische Kräuter erntet.

Auf der Speisekarte des Restaurants könnte in den Sommermonaten als Vorspeise Ziegenkäse mit Basilikumpesto im Zucchinimantel, geschmorte Paprika sowie Wildkräutersalat mit Balsamico und Parmesan oder Glückstädter Rotweinmatjes mit Graubrot-Crostini, Wachtelei, Remoulade, gebackenem Speck und Linsensalat stehen. Als vegetarisches Gericht werden

Limonenlinguine mit gebratenen Pfifferlingen, Zuckerschoten, mariniertem Rucola und gebackenem Brie angeboten oder Sojageschnetzeltes mit Champignons, buntem Gemüse und Kräuterreis. Als Hauptspeise könnte eine Linumer Kalbsleber mit Kartoffel-Trüffelpüree, geschmorten Äpfeln und Zwiebeln gewählt werden oder ein Hackspieß vom Lamm, Rind und Kalb, gratiniert mit Cheddar, dazu Bohnen, Balsamicozwiebeln, gegrillte Paprika und Rosmarinkartoffeln. Als Fischgang schlägt die Karte Wolfsbarschfilet vor mit Pfifferlingsrisotto, Serranoschinken, Kirschtomaten und Balsamico-Kräuteröl. Zur Abrundung als Dessert ein Erdbeer-Minz-Salat mit Kokos-Panna-cotta und Mangosorbet oder ein Schokoladensoufflé mit Holunderparfait, karamellisierten Äpfeln und Cashews.

Wo früher der Hammer auf den Amboss knallte, entstand ein ruhiges Landhotel mit einladendem Restaurant in einem behutsam renovierten Vierseithof. In der Küche schmiedet Dirk Krause aus Tradition und Modernität ein filigranes Kochkunstwerk.

LANDHAUS ALTE SCHMIEDE

Hotel und Restaurant
Chefkoch: Dirk Krause
Dorfstraße 13 • 14823 Niemegk OT Lühnsdorf
Tel.: 033843-92 20 • flaeming@landhausalteschmiede.de • www.landhausalteschmiede.de

KULINARISCHES IM EHEMALIGEN FORSTHAUS

44

12 MÖNCHE

Zwischen Jüterbog und Luckenwalde liegt die Ortschaft Kloster Zinna mit dem ehemaligen Zisterzienserkloster Zinna aus dem Jahr 1170. Den Ortskern bildet ein rechteckiger Platz mit einem Standbild Friedrich des Großen, dem Alten Fritz, der an dieser Stelle 1764 eine Siedlung von Handwerkern gründete. In der Mehrzahl kamen Handweber aus der Oberlausitz mit ihren Familien. Die Fabrikation von Tuchen fürs Militär und die Produktion von Seidenstoffen sollte die geschwächte Wirtschaft ankurbeln. Die Siedler erhielten Haus und Grundstück sowie Garten- und Ackerland geschenkt. Umzugskosten wurden erstattet, Einrichtungsgeld gezahlt und Steuerfreiheit für zehn Jahre garantiert. Baumaterial für die Siedlung war reichlich vorhanden, denn dafür wurden einfach ein paar Gebäude des säkularisierten Zisterzienserklosters abgetragen. Bei seinen Besuchen übernachtete der König im Forsthaus, in eben jenem Haus, das als Hotel Alte Försterei auch heute noch Übernachtungsmöglichkeiten anbietet.

Das ehemalige Forsthaus von 1767 wurde denkmalgerecht renoviert und die Zimmer, Suiten und Apartments in einem nostalgischen Stil eingerichtet. Im Erdgeschoss blieb der historische Charme erhalten. Ein grüner Kachelofen in der Ecke, breite Holzdielen auf dem Boden, historische Patina, antiquarische Möbel und Gemälde an den Wänden lassen vergangene Zeiten auferstehen. In dem 250 Jahre alten Forsthaus können kleine Kabinette, die »Friedrichs Stuben«, reserviert werden. Im hinteren Bereich mit separatem Seiteneingang von der Straße hat

ein findiger Geist den Pferdestall in das Restaurant »12 Mönche« mit rustikal-gemütlichem Ambiente umgebaut. Im Hof, wo die Pferde gestriegelt wurden, lässt es sich unter schattenspendenden Weinranken, Sonnenschirmen und Sommermöblierung gut aushalten.

Das Restaurant »12 Mönche« macht keinen Hehl daraus, ein Stall zu sein. Getünchtes Mauerwerk, bäuerliches Gerät, rustikale Stütz- und Deckenbalken harmonieren mit Holztischen und gepolsterten Stühlen, die aus der Biedermeierzeit stammen könnten. Das Restaurant »12 Mönche« offeriert eine gutbürgerliche Küche mit herzhaften Speisen, dazu Bier vom Fass und frischen Schoppenwein. Saisonale Spezialitäten wie Spargel von April bis Juni, »Försters Hirschgulasch«, Gänseessen, Grünkohlessen oder Dahmequell-Leinölspezialitäten werden gerne auf die Speisekarte aufgenommen. Beispielsweise bietet die Speisekarte des Restaurants »12 Mönche« vorweg eine hausgemachte Soljanka oder einen warmen Hirtenkäse in einem mediterranen Sud aus Zwiebeln, Tomaten und Paprika. Oder einfach und lecker das Essen aus der Gegend, nämlich Kartoffeln mit Quark und Salatbeilage, dazu das regionale Dahmequell-Leinöl kaltgepresst, auf Wunsch mit geröstetem Leinöl. Als Zwischengerichte gibt es Sommer-Matjes mit roten Zwiebeln, Bratkartoffeln,

Apfel-Schmand und grünem Salat oder Wildsülze mit Bratkartoffeln, Remoulade und gemischtem Salat. Um beim Wild zu bleiben, könnte ein Wildgulasch mit Kartoffeln folgen, dazu ein sommerlicher Salat. Der Sommerhit ist Vanilleeis mit geröstetem Dahmequell-Leinöl, Sahne und Waffel. Und als Digestif ein Zinnaer Klosterbruder Kräuterlikör, der nach altem Rezept im Kloster Zinna hergestellt wird.

Nach der holprigen Reise in einer Pferdekutsche von Berlin nach Kloster Zinna hätte es dem Alten Fritz sicher gut gefallen, im Restaurant »12 Mönche« zu Abend zu speisen, ein Verdauungspfeifchen auf der Hofterrasse zu paffen und sich anschließend in ein weiches Bett im Hotel Alte Försterei fallen zu lassen.

12 MÖNCHE

Alte Försterei Kloster Zinna • Hotel und Restaurant
König-Friedrich-Platz 7 • 14913 Jüterbog OT Kloster Zinna
Tel.: 03372-398 23 00 • info@alte-foersterei-kloster-zinna.de
www.alte-foersterei-kloster-zinna.de

WO DIE WIRTIN GESCHICHTEN SCHREIBT   45
GOLDENER HAHN

Seit 2013 darf Finsterwalde offiziell den Zusatz Sängerstadt im Namen führen. Der bekannte Gassenhauer von 1899 »Wir sind die Sänger von Finsterwalde« hat der Stadt in der Niederlausitz zu großer Bekanntheit verholfen. Ein Höhepunkt ist alle zwei Jahre im Sommer das Finsterwalder Sängerfest mit einem Umzug, viel Musik und noch mehr Gesang. Es zählt zu den großen Volksfesten in Brandenburg.

In Bahnhofsnähe 1892 als Gasthaus erbaut, wirkt das Eckhaus des Restaurants »Goldener Hahn« noch so zweckmäßig wie damals. Statt einer Laterne ragt heute an der Hausecke ein aus Kupfer kunstvoll geformter Hahn in die Straße, der tagsüber zur vollen Stunde kräht und mit den Flügeln flattert. Im Restaurant empfängt den Gast ein in Weinrot gehaltener, edler Gastraum. In der warmen Jahreszeit wird ein Hofgarten bewirtschaftet. Die feinen Speisen werden in einer offenen Küche zubereitet. Seit 1939 führt die Familie Schreiber den »Goldenen Hahn«, nun Frank Schreiber in der dritten Generation.

Nach einer Kochausbildung in Berlin und internationalen Studienreisen kam Frank Schreiber zurück nach Finsterwalde und wurde Küchenchef beim Vater. Nach einer Renovierung des Hauses übernahm er im August 2010 die alleinige Führung des Unternehmens. Seither bewirten Frank Schreiber und seine Frau Iris gemeinsam die Gäste. Monatlich finden Lesungen der Wirtin und Literatin Iris Schreiber statt, die von köstlichen, perfekt auf die Geschichten abgestimmten Menüs kulinarisch untermalt

werden. Frank Schreiber serviert mit seinem Team gehoben-regionale Küche, bereichert durch internationale Einflüsse. Die Verwendung von Produkten brandenburgischer Erzeuger ist ihm ein besonderes Anliegen. Er selbst spricht von »Neuer Lausitzer Küche«. Was er mit seinem Küchenteam zubereitet, kommt als filigranes Kunstwerk auf den Teller. Ein sogenanntes Küchenchef-Menü könnte ein Kalbsfilet im Kräutermantel sein mit Thunfisch-Sorbet, Apfelweinschaum, gebackenen Kapern und Zitronen-Pumpernickel, danach Jakobsmuscheln, Blumenkohl mit Vanille, Trüffel und Schnittlauch-Beurre-blanc. Der Fischgang besteht aus einem Störfilet mit Nordseekrabben und Sanddorn, Tomaten-Graupen, Passe Pierre, Krebssauce und Kräuter-Öl. Es könnte ein Rehrücken folgen, zweierlei Sellerie, Pfifferlinge und Lausitzer Essig-Kirschen. Anschließend eine erlesene Variation von deutschen Käsespezialitäten von Maître Affineur Waltmann aus Erlangen, Apfel-Gelee und Chutney mit Früchtebrot. Als süßes Dessert eine geeiste Mousse aus Original Beans Schokolade, süß-saure Aprikosen, Aprikosenknödel und Salzkaramell. Angeboten wird auch ein Menü Neue Lausitzer Küche, das eine Terrine von Reh und Entenleber sein könnte mit Stachelbeer-Relish, Tannenspitzen, Oxalis und Balsam-Sponge. Im Anschluss könnte ein Bachsaiblingsfilet mit Gurkenvariation, Saiblingskaviar, geräuchertem Sauerrahm und Dill-Öl gefolgt von Kalbsrücken mit Rotweinschalottensauce, geröstetem Sommergemüse, Erbsencreme und gefüllten Kartoffelbällchen serviert werden. Zum Dessert ein Sauerampfer-Eis, Rettich, gebackene Kapern, geräucherte Haselnüsse und Baiser oder für Süßliebhaber Pannacotta-Eis und Kirschen, geflammte Holunderblütencreme und Kokos-Mandel-Ganache.

Nach dem Genuss dieser regional und international beeinflussten Menüs müssten in einer Sängerstadt wie Finsterwalde eigentlich jeden Abend aus dem »Goldenen Hahn« die Lob- und Jubelgesänge der Gäste weit durch die Gassen und Straßen von Finsterwalde schallen.

GOLDENER HAHN

Inhaber und Küchenchef: Frank Schreiber
Bahnhofstraße 3 • 03238 Finsterwalde
Tel.: 03531-22 14 • info@goldenerhahn.com • www.goldenerhahn.com

ANHANG

Das Restaurant »Wilde Klosterküche« in Neuzelle

1	Die Orangerie
2	Coldehörn
3	Schloss Ribbeck
4	Hasenpfeffer
5	Schlosswirt Meseberg
6	Alter Hafen
7	Mühle Tornow
8	Der Seehof
9	Clavis
10	Schloss Grube
11	place to V
12	Alter Hof am Elbdeich
13	Gut Sarnow
14	Café Wildau
15	Dammmeisterei Zollbrücke
16	kleinod
17	Brennerei
18	Bergschlösschen
19	Seeblick
20	Köllnitzer Fischerstuben
21	Villa Contessa
22	AS am See
23	Kaisermühle
24	Bollwerk 4 im Deutschen Haus
25	Wilde Klosterküche
26	Feine Küche
27	Linari
28	Speisenkammer
29	Kolonieschänke
30	Cavalierhaus
31	Villa Kellermann
32	kochZimmer
33	Juliette
34	Drachenhaus
35	Alte Überfahrt
36	Filterhaus
37	Philippsthal
38	Zur Alten Brauerei
39	Landlust Körzin
40	Am Humboldthain
41	Inspektorenhaus
42	Springbach-Mühle
43	Landhaus Alte Schmiede
44	12 Mönche
45	Goldener Hahn

BILDNACHWEIS

Alte Försterei Kloster Zinna: S. 192, 194, 195; »Alter Hof am Elbdeich« Senst & Wolters GbR: S. 58, 61; Am Humboldthain: S. 178, 179 links (Webseite), 179 rechts; Andreas Beetz: S. 82; AS am See: S. 105; Sandro Behrendt: S. 180, 183 links; Katharina Bohm: S. 114, 117; Bollwerk 4 im Deutschen Haus: S. 110, 112, 113; Café Wildau: S. 70 unten rechts, 71; Cavalierhaus: S. 134, 136, 137; Clavis / Marco Gloede: S. 46, 48, 49; Coldehörn: S. 18, 20, 21; Kolonieschänke / codiarts: S. 132, 133; Filterhaus: S. 160, 162, 163; Formwerk: S. 106; Fotokraftwerk: S. 83; Udo Dahms: S. 183 rechts; Dammmeisterei Zollbrücke: S. 75 rechts; Der Seehof: S. 44, 45; Drachenhaus: S. 152, 154, 155; Gerhard Drexel: S. 34, 42, 50, 60, 64, 66, 67, 70 unten links, 72, 74, 75 links; Stefan Geller: S. 116, 200 u. 201; Goldener Hahn: S. 199 links; Sebastian Gotthardt: S. 120; Nils Hasenau: S. 140, 142, 143 oben, 143 unten rechts; Hasenpfeffer: S. 26, 28, 29 unten; Katja Heigl: S. 196, 198, 199 rechts; Patrick Hipp Werbefotografie: S. 56, 57; Oliver Joppek: S. 125; Juliette: S. 150, 151; Kaisermühle: S. 108, 109; Köllnitzer Fischerstuben: S. 94, 96, 97; Florian Kottlewski: S. 158 oben; Landhaus Alte Schmiede: S. 188, 190, 191; Landlust Körzin: S. 172, 174, 175; Jörg Lehmann: S. 158 unten, 159; Jennifer Marke: S. 156; Mühle Tornow: S. 12 u. 13, 38, 40, 41; Bergschlösschen / Odermedia GmbH: S. 84, 86, 87; Philippsthal: S. 166, 167; picture alliance: S. 54 (DUMONT Bildarchiv / Johann Scheibner), 68 (ZB / Patrick Pleul), 76 (ZB / Patrick Pleul), 80 (ZB / Patrick Pleul), 102 (Kai-Uwe Heinrich TSP), 104 (Kai-Uwe Heinrich TSP), 130 (Hans Joachim Rech), 176 (imageBROKER / Schoening); redpear / Kermann: S. 138 u. 139, 144, 146, 147; Romantik Hotel Schloss Reichenow: S. 62 u. 63, 78, 79; Helma Scheffler: S. 29 oben; Schloss Grube / Nico Dalchow, Fotografenherz: S. 52, 53; Schlosswirt Meseberg: S. 30, 32, 33; Schloss Ziethen: S. 14, 16, 17; Wolfgang Scholvien: S. 122, 124; SeeZeit Hotel Berlin Brandenburg GmbH: S. 90, 92, 93; Sven Sonnenberg: S. 10, 182; Speisenkammer: S. 126, 128, 129; SPREEWALDRESORT Seinerzeit: S. 88 u. 89, 121; Springbach-Mühle: S. 184, 186, 187; Tourismusverband Havelland e.V.: S. 22; Villa Contessa Resort: S. 98, 100, 101; Villa Kellermann: S. 143 unten links; Beate Wätzel: S. 24, 25, 118; wikimedia commons: S. 70 oben (Ew742), 148 (Clemensfranz), 164 (Löwe 48); Iris Woldt: S. 2, 36, 37; Zur Alten Brauerei: S. 168, 170, 171

DER AUTOR

Gerhard Drexel, geboren 1948, aufgewachsen bei Stuttgart, lebt seit 1995 in Berlin und bereist von dort aus das Land Brandenburg. Er hat bereits zahlreiche Stadt- und Reiseführer veröffentlicht, zuletzt im BeBra Verlag »Sehnsuchtsorte in Brandenburg«.

ENTDECKEN SIE BRANDENBURG!

Frank Goyke
Winterliches Brandenburg
Die schönsten Ziele für Spaziergänge und Wanderungen
ISBN 978-3-86124-757-9

2. Aufl.

Wolfgang Mörtl
Bergführer Potsdam
Die schönsten Spaziergänge zu den 75 Gipfeln der Stadt
ISBN 978-3-86124-745-6

Gregor Münch
Wild Brandenburg
50 Sehnsuchtsorte in der Natur
ISBN 978-3-86124-755-5

Bernd Siegmund
Das Oderbruch entdecken
Ausflüge in eine faszinierende Region
ISBN 978-3-86124-747-0

5. Aufl.

Robert Zagolla
Brandenburg mit Kindern
Der Familien-Ausflugsführer
ISBN 978-3-86124-754-8

Frank Goyke
Sanssouci entdecken
Ausflüge in Potsdams schönstes Schloss- und Parkensemble
ISBN 978-3-89809-220-3

Frank Goyke
Pilgerwege in Brandenburg
Die schönsten Routen für beglückende Wanderungen
ISBN 978-3-89809-221-0

Armin A. Woy
Die Prignitz entdecken
Kultur und Landschaft im Nordwesten Brandenburgs
ISBN 978-3-89809-218-0

2. Aufl.

Gerhard Drexel
Klöster und Kirchen in Brandenburg
Himmlische Touren durch die Mark
ISBN 978-3-86124-702-9